who?

글 이숙자

만화 스토리 작가로 왕성하게 활동하고 있습니다. 지금까지 고전, 명작, 과학, 논술, 경제 등 다양한 분야의 학습 만화 작업을 해 왔습니다. 현재는 어린이들이 닮고 싶고, 되고 싶은 인물 이야기를 쓰는 데 열중하고 있습니다. E-mail: firemecca@hanmail.net

그림 스튜디오 청비

기발한 상상력을 바탕으로 새롭고 재미있는 콘텐츠를 만들어 내는 만화 창작 집단입니다. 작품으로는 《성철 스님》, 《아 다르고 어 다른 우리말 101가지》, 《반기문 유엔 사무총장의 꿈과 도전》, 《who? 한국사 – 이성계 · 이방원》 등이 있습니다.

감수 경기초등사회과연구회
진로 탐색 감수 이랑(한국고용정보원 전임연구원)
추천 송인섭(숙명 여자 대학교 명예 교수)

 세계 인물

호찌민

개정판 1쇄 인쇄 2024년 11월 15일
개정판 1쇄 발행 2025년 1월 1일

글 이숙자 **그림** 스튜디오 청비

펴낸이 김선식
펴낸곳 다산북스

부사장 김은영
어린이사업부총괄이사 이유남
책임편집 박세미 **디자인** 김은지 **책임마케터** 김희연
어린이콘텐츠사업1팀장 박정민 **어린이콘텐츠사업1팀** 김은지 박세미 강푸른
마케팅본부장 권장규 **마케팅3팀** 최민용 안호성 박상준 김희연
편집관리팀 조세현 김호주 백설희 **저작권팀** 이슬 윤제희 **제휴홍보팀** 류승은 문윤정 이예주
재무관리팀 하미선 김재경 임혜정 이슬기 김주영 오지수
인사총무팀 강미숙 이정환 김혜진 황종원
제작관리팀 이소현 김소영 김진경 최완규 이지우 박예찬
물류관리팀 김형기 김선민 주정훈 김선진 한유현 전태연 양문현 이민운

출판등록 2005년 12월 23일 제313-2005-00277호
주소 경기도 파주시 회동길 490
전화 02-704-1724 **팩스** 02-703-2219
다산어린이 카페 cafe.naver.com/dasankids **다산어린이 블로그** blog.naver.com/stdasan
종이 신승INC **인쇄** 북토리 **코팅 및 후가공** 평창피앤지 **제본** 대원바인더리

ISBN 979-11-306-5807-0 14990

품명: 도서 | **제조자명**: 다산북스	
제조국명: 대한민국 | **전화번호**: 02)704-1724	
주소: 경기도 파주시 회동길 490	
제조년월: 판권 별도 표기 | **사용연령**: 8세 이상	

※ KC마크는 이 제품이 공통안전기준에 적합하였음을 의미합니다.

호찌민
Ho Chi Minh

다산
어린이

자신만의 멘토를 만날 수 있는
who? 시리즈

다산어린이의 〈who?〉 시리즈는 어린이들은 물론 어른들에게도
재미와 감동을 주는 교양 만화입니다. 〈who?〉 시리즈는 전 세계
인류에 영향력을 끼친 인물들로 구성되었으며 인물들의 삶과 사상을
객관적으로 전해 줍니다.

이처럼 다양한 나라와 분야에서 활약한 위인들의 이야기를 통해
과학, 예술, 정치, 사상에 관한 정보는 물론이고, 나라별 문화와
역사까지 배우게 될 것입니다. 〈who?〉 시리즈의 가장 큰 장점은
위인들이 그들의 삶에서 겪은 기쁨과 슬픔, 좌절과 시련, 감동을
어린이들이 함께 느낄 수 있다는 것입니다. 어린이들은 이 책을
읽으면서 폭넓은 감수성을 함양하게 됩니다.

〈who?〉 시리즈의 어린이 독자들이 책 속의 위인들을 통해
자신만의 멘토를 만나 미래의 세계적인 리더로 성장하기를 진심으로
응원합니다.

존 덩컨 미국 UCLA 동아시아학부 교수

존 덩컨(John B. Duncan) 교수는 한국학 분야의 세계적인 석학으로
미국 UCLA 한국학 연구소 소장 및 동 대학의 동아시아학부 교수를
겸직하고 있습니다. 하버드 대학교 교환 교수와 고려 대학교 해외
교육 프로그램 연구센터장을 역임했으며, 주요 저서로는
《조선 왕조의 기원》, 《조선 왕조의 시민 행정의 제도적 기초》 등이
있습니다.

세상을 더 나은 곳으로 만든 사람들의 이야기

어린이들은 자라면서 수많은 궁금증을 가지게 됩니다. 그중에서도 "저 사람은 누굴까?"라는 질문은 종종 아이들의 머릿속을 온통 지배해 버리기도 합니다. 다산어린이에서 출간된 〈who?〉 시리즈는 그런 궁금증을 해결해 주기 위해 지구촌 다양한 분야의 리더들을 소개하고 있습니다.

〈who?〉 시리즈에 등장하는 인물들은 인종과 성별을 넘어 세상을 더 나은 곳으로 만든 사람들입니다. 어린이들은 이 책에서 디지털 아이콘으로 불리는 스티브 잡스는 물론 니콜라 테슬라와 같은 천재 발명가를 만날 수 있습니다.

책 속 주인공들의 어린 시절 이야기를 통해 기쁨과 슬픔, 도전과 성취감을 함께 맛보고, 그들과 함께 성장하면서 스스로 창조적이고 인류에 도움이 되는 사람이 되겠다는 포부와 자신감을 갖게 될 것입니다.

〈who?〉 시리즈 속에서 다채롭고 생동감 넘치는 위인들의 이야기를 만나 보세요.

에드워드 슐츠 하와이 주립 대학교 언어학부 교수

에드워드 슐츠(Edward J. Shultz) 하와이 주립 대학교 언어학부 교수는 동 대학의 한국학센터 한국학 편집장을 역임한 세계적인 석학입니다. 평화봉사단 활동의 하나로 한국에서 영어 교사로 근무한 경험이 있으며, 현재 한국과 미국, 일본을 오가며 활발한 활동을 펼치고 있습니다. 저서로는 《중세 한국의 학자와 군사령관》, 《김부식과 삼국사기》 등이 있고, 한국 중세사와 정치에 대한 다수의 기고문을 출간했습니다.

미래 설계의 힘을 얻는 길이
여기에 있습니다

어린이가 성장하는 시기에는 스스로 미래를 설계하며 다양한 책을
접하는 경험이 필요합니다.

어린 시절 만난 한 권의 책이 인생에 미치는 영향이 얼마나 큰지는
꿈을 이룬 사람들의 말을 통해서 알 수 있습니다. 빌 게이츠는 오늘날
자신을 만든 것은 동네의 작은 도서관이었다고 말하고, 오프라 윈프리는
어린 시절 유일한 친구는 책이었음을 고백하며 독서의 중요성에 대해
이야기합니다.

꿈을 이룬 사람들의 공통점은 또 있습니다. 그들에게는 어린 시절,
마음속에 품은 롤 모델이 있었습니다. 여러분의 롤 모델은 누구인가요?
〈who?〉 시리즈에서는 현재 우리 어린이들이 가장 닮고 싶어하는 롤
모델을 만날 수 있습니다. 버락 오바마, 빌 게이츠, 조앤 롤링, 스티브
잡스 등 세상을 바꾼 사람들의 감동적인 이야기를 담은 〈who?〉 시리즈는
어린이들이 구체적인 목표를 설정하고 희망찬 비전을 세울 수 있도록
도와줄 친구이면서 안내자입니다. 〈who?〉 시리즈를 통하여 자신의 인생
모델을 찾고 미래 설계의 힘을 얻을 수 있습니다.

송인섭 숙명 여자 대학교 명예 교수

숙명 여자 대학교 명예 교수이자 한국영재교육학회 회장으로
자기주도학습 분야의 최고 권위자입니다. 한국교육심리연구회
회장, 한국교육평가학회장, 한국영재연구원 원장을 역임했습니다.
자기주도학습과 영재 교육의 이론을 실제 교육 현장에 적용하기 위해
노력하고 있습니다.

평생을 이끌어 줄
최고의 멘토를 만날 수 있는 책

    10대에 가장 중요한 것은 무엇일까요? 학과 공부와 입시일까요?
우리나라 최초의 국제회의 통역사로 30년 동안 활동하면서 글로벌
리더들을 만날 기회가 수없이 많았던 저는 대한민국의 초등학생들에게
특별한 조언을 해 주고 싶습니다. 그것은 큰 꿈을 가지는 것이 무엇보다
중요하다는 것입니다.

    꿈은 힘들고 지칠 때 나를 이끌어 주는 힘이고 내 인생의 주인이 되어
일어설 수 있게 하는 원동력이 되어 줍니다. 꿈이 있는 아이가 공부도
잘하고 결국 그 꿈을 실현할 수 있게 되는 것입니다. 저 역시 어린 시절
품었던 꿈이 지금의 자리에 있게 한 원동력이었습니다. 남들이 모르는 큰
꿈을 마음속에 간직하고 있었기에 괴롭고 힘들어도 포기하지 않고 다시
일어설 수 있었습니다.

    어린 시절 저에게도 힘들고 지칠 때마다 용기를 불어넣어 주고
힘이 되어 주었던 분들이 있었습니다. 지금의 자리로 저를 이끌어 준
멘토들처럼 〈who?〉 시리즈에서 여러분의 친구이자 형제, 선생이 되어 줄
멘토를 만날 수 있기를 바랍니다.

최정화 한국 외국어 대학교 교수

우리나라 최초의 국제회의 통역사로 현재 한국 외국어 대학교
통번역대학원 교수로 재직 중입니다. 세계 무대에서 자신의 꿈을
이룬 여성 신화의 주인공으로, 역시 세계에서 꿈을 펼치려고 하는
청소년들에게 멘토로서의 역할을 충실히 하고 있습니다. 저서로는
《외국어 내 아이도 잘할 수 있다》, 《외국어를 알면 세계가 좁다》,
《국제회의 통역사 되는 길》 등이 있습니다.

추천의 글 4

1 눈이 빛나는 아이 12
통합 지식┿ 1 호찌민의 성공 열쇠 40

2 슬픔을 삼키고 44
통합 지식┿ 2 호찌민의 나라, 베트남 64

3 가슴에 스며든 별빛 68
통합 지식┿ 3 작지만 강한 나라 82

4 식민지의 청년 86
통합 지식┿ 4 베트남이 겪은 전쟁 98

Ho Chi Minh

5 독립을 위하여 102

통합 지식 ✚ 5 호찌민의 발자취 116

6 맞서 싸우다 120

통합 지식 ✚ 6 베트남과 대한민국 140

7 세계를 놀라게 한 나라 144

어린이 진로 탐색 사회 운동가 168

연표 176 / 찾아보기 178

호찌민

베트남의 작은 농촌 마을에서 태어난 호찌민은 프랑스의 지배 아래 어려움을 겪는 사람들을 보며 독립의 꿈을 갖게 됩니다. 열여덟, 고등학교에 다니던 그는 농민 시위에 참여했다는 이유로 퇴학당하고, 본격적인 독립운동을 위해 프랑스로 떠나게 되는데, 과연 호찌민은 자신의 뜻대로 유럽 강대국을 다니며 독립을 이룰 수 있을까요?

- 이름: 호찌민(응우옌신꿍)
- 생몰년: 1890~1969년
- 국적: 베트남
- 직업·활동 분야: 정치인, 사회 운동가
- 경력: 제1대 베트남 민주 공화국 주석 등

응우옌신삭

호찌민의 아버지 응우옌신삭은 마을 서당의 훈장님이에요.
훗날, 과거 시험에 합격해 나랏일을 하는 공직자가 되지만 프랑스 정부에
협력하지 않아 관직에서 물러나게 되지요. 호찌민이 남들보다 정의롭고
애국심이 뛰어난 이유는 아버지 응우옌신삭의 영향이 컸답니다.

쯩 자매

쯩짝과 쯩니 자매는 중국에 맞서 독립운동을 한 베트남 최초의 여성
독립운동가예요. 응우옌신삭은 남의 불행을 자기 일처럼 느끼고 가슴
아파하는 호찌민을 보고 장차 큰 인물이 되길 바라는 마음에 쯩 자매
이야기를 들려주며 베트남에 대한 자긍심을 높여 줍니다.

들어가는 말

- '호 아저씨'로 불리는 베트남의 혁명가이자 정치가 호찌민에 대해 알아봅시다.
- 호찌민이 독립운동을 한 베트남 사회와 문화의 특징을 이해합니다.
- 사회 문제를 연구하고 이를 해결하기 위해 힘쓰는 '사회 운동가'라는 직업에 대해
  탐구해 볼까요?

1 눈이 빛나는 아이

호찌민은 1890년 5월 19일,
베트남 중부 지방의 킴리엔이라는
작은 농촌 마을에서 태어났습니다.
그때 베트남은 프랑스의 *식민지였습니다.

타인! 키엠!

아빠,
무슨 일이에요?

인사하렴. 너희 동생
신꿍이란다.

*식민지: 정치적, 경제적으로 다른 나라에 속하게 되어 국가로서 권리를 잃은 나라

신꿍 안녕? 난 너의 형 키엠이야.

아기가 정말 작고 귀여워요!

나는 누나인 타인이란다.

앗, 신꿍이 제 말을 알아들었나 봐요! 손가락을 꽉 잡았어요.

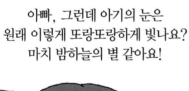

아빠, 그런데 아기의 눈은 원래 이렇게 또랑또랑하게 빛나요? 마치 밤하늘의 별 같아요!

호찌민이 다섯 살 때, 가족은 남쪽으로
400킬로미터나 떨어진 도시 '후에'로
이사하게 되었습니다.
아버지가 계속 공부하고 과거 시험도 보려면
큰 도시로 가는 게 유리했기 때문입니다.

베트남은 옛날에 오랫동안
중국의 지배를 받았던 적이 있었는데,
그 영향 때문에 베트남에서 나라의
관리가 되려면 *유학을 공부하고
과거 시험에 합격해야 했습니다.

*유학: 중국 공자를 시조로 하는 전통적인 학문

그래. 우리 베트남이 얼마나 뛰어난 민족인지 알겠니?

여보, 여긴 무서운 산적 떼가 나타날지 모르니 다른 사람들을 기다렸다가 함께 가요.

그럽시다.

어머니, 산적이 나타나면 어떡해요?

가진 것 다 내놔!

으, 무서워요!

산적만 무서운 게 아니야. 언제 어디서 사납고 흉측한 괴물이 불쑥 튀어나올지도 몰라.

꺅! 상상하기도 싫어요!

누나 말이 맞아.
이건 말도 안 돼.

호찌민은 형과 함께 근처에 있는 군대에
숨어들어 군인들이 훈련받는 것을
지켜보기도 했습니다.

와, 저 많은 군인이
동시에 똑같이 움직이다니!

대단하지?
신꿍, 강한 나라가 되려면
저렇게 군대를 키워야 한대.

강한 군대를 가져야
강한 나라가 되거든.
우리나라가 프랑스의
식민지가 된 것도 군대의
힘이 약했기 때문이야.

호찌민의 성공 열쇠

호찌민이 태어났을 때 베트남은 프랑스의 식민지였습니다. 베트남 사람들이 프랑스 사람에게 괴롭힘당하는 모습을 보며 자란 호찌민은 조국의 독립을 위해 한평생 자신을 희생하기로 하지요. 그런 노력 덕분인지 베트남은 1945년 9월 독립을 이뤄요. 하지만 강대국들에 의해 남과 북으로 나뉘고, 1969년 호찌민은 세상을 떠나게 됩니다.

이후 호찌민을 마음속 깊이 존경한 베트남 국민들은 더욱더 굳게 단결하여 미국을 물리치고 마침내 통일해 전 세계를 놀라게 해요.

베트남 국민의 영웅, 호찌민은 지금까지도 그들의 가슴에 꺼지지 않는 등불로 남아 있답니다.

베트남 국기. 1945년 민주 공화국으로 독립할 때 만들어졌습니다.

하나   사람을 사랑하는 마음

호찌민은 어려서부터 사람을 사랑하는 마음이 깊었습니다. 남의 불행한 모습을 보면 마치 자기 일인 양 가슴 아파하며 눈물 흘리는 아이였지요.

이러한 호찌민의 마음은 어른이 되어서도 변하지 않았습니다. 훗날 베트남 민주 공화국의 주석이 된 호찌민은 화려한 궁 대신 정원사의 오두막에서 살았어요. 또 농촌 마을에 학교를 지을 때는 마을 사람들과 같이 허름한 옷을 입고 힘든 일도 마다않고 했지요. 그런 호찌민이 있었기에 베트남 사람들은 한마음이 되어 강대국들과 맞서 싸울 수 있었습니다.

1946년경 호찌민. 인자한 모습은 그가 베트남 사람들을 얼마나 사랑하는지 보여줍니다.

"아는 것이 힘이니 나라의 독립을 이루려면 열심히 공부해야 한다." 호찌민은 아버지의 가르침을 평생 잊지 않았습니다. 프랑스식 국립 학교인 꾸옥혹에 다닐 때는 학교 공부에 만족하지 않고 역사, 개혁, 저항, 혁명 등에 관한 책을 스스로 찾아 읽었어요. 농민 시위를 도왔다는 이유로 꾸옥혹에서 퇴학 당한 후에는 세계를 떠돌며 온갖 허드렛일을 하면서도 틈만 나면 신문과 책을 읽어 지식을 쌓았습니다. 그리고 모스크바의 국제 레닌 학교(공산주의 운동가 교육 기관)에 들어가 혁명에 관한 공부도 하지요. 이런 노력 끝에 호찌민은 모스크바에서 열린 사회주의자 모임에 참가할 수 있었고, 수백 명의 유럽인들 앞에서 베트남의 독립을 위한 연설을 당당하게 해낼 수 있었습니다. 호찌민에게 공부란, 세상을 더 많이 알고 이해할 수 있는 열쇠였어요. 또 조국의 독립을 위해 꼭 해야 할 일이었지요. 호찌민이 흩어져 있던 베트남 공산당 단체를 통합하고, 나라의 독립까지 이루어 낸 힘의 밑바탕은 '공부하는 자세'에 있었습니다.

1929년 모스크바 국제 레닌 학교 학생들. 맨 뒷줄 오른쪽이 호찌민입니다.

who? 지식사전

호찌민이 사랑한 책, 《목민심서》

호찌민은 조선 시대의 실학자 정약용이 쓴 《목민심서》를 늘 곁에 두고 읽었어요. 정약용은 조선 정조 때 높은 벼슬을 지낸 양반이었지만, 항상 힘없는 약자의 편에 선 인물이었지요. 이것이 호찌민과 정약용의 닮은 점이에요. 정약용은 선비들의 게으름과 일하지 않으려는 태도를 비판하고, 토지는 농사짓는 사람만이 가져야 한다고 생각했어요. 그래서 공동으로 경작하고, 공동으로 수확하며, 노동량에 따라 수확물을 분배해야 한다고 주장했지요. 이처럼 백성을 사랑한 정약용이 쓴 《목민심서》는 백성을 다스리는 지방의 관리(목민관)들이 백성을 위해 어떤 자세로 일해야 하는지, 어떤 마음가짐을 가져야 하는지를 12부분으로 나누어 적은 책이에요. 호찌민은 《목민심서》를 읽으며, 강대국들의 핍박에 고통받는 베트남 국민들에게 행복을 줄 수 있는 방법을 고민했답니다.

실학자 정약용의 저서 《목민심서》
© Seonjong Park

두려워 하지 않는 용기

호찌민은 어린 시절 아버지로부터 베트남의 역사와 여러
영웅의 용기 있는 행동에 대해 들었습니다. 그리고 "죽기를
각오하고 싸우면 아무리 무서운 상대라도 이길 수 있다."라는
아버지의 말씀을 기억하며 용기를 기르기 위해 노력했지요.
1919년 호찌민이 응우옌아이꾸옥이라는 이름으로 활동할
당시, 프랑스 파리에서는 베르사유 회의가 열렸습니다.
그곳에는 제1차 세계 대전에서 승리한 연합국 대표들이
모였는데, 호찌민이 등장해 〈베트남 인민의 8항목의
요구〉라는 글을 써서 베트남 사람의 참정권, 평등권을
요구했습니다.
이는 연합국 대표들에게 베트남의 현실을 알리기 위한 용기
있는 행동이었을 뿐만 아니라 국제적으로 베트남의 상황을
알릴 좋은 기회였습니다.
하지만 이는 전혀 받아들여지지 않았고, 이후 호찌민은
공산당에 가입해 1930년 '베트남 공산당'을 만들어 본격적인
독립 투쟁을 시작했습니다.

1921년 공산당 활동을 하는 청년 시절의
호찌민

who? 지식사전

베르사유 궁전과 대정원 © Kallgan

국제적 행사 무대 '베르사유 궁전'

베르사유 궁전은 프랑스 파리 남서쪽 베르사유에 있는 바로크 양식의 궁전이에요.
본래 루이 13세가 지은 사냥용 별장이었으나 1662년 무렵부터 루이 14세가
궁전으로 고쳐서 사용했어요. 그 후 대정원을 갖추고 건물을 늘려서 전체 길이가
680m에 이르는 대궁전을 이루었습니다. 베르사유 궁전은 1979년에 유네스코
세계 유산으로 지정되었으며 궁전 중앙부, 예배당, 극장 등을 뺀 주요 부분은 역사
미술관으로 사용되고 있답니다. 또 국제적 행사가 열리는 무대로 활용되기도
했는데, 1783년 미국 독립 혁명 후의 조약, 1871년 독일 제국의 선언, 1919년
제1차 세계 대전 후의 평화 조약 체결이 이곳 '거울의 방'에서 이루어졌습니다.

대중을 이끄는 리더십

호찌민의 리더십은 부드럽고 따뜻했습니다. 독립운동을
할 때 마을 사람들과 똑같은 옷을 입고, 똑같은 음식을
먹으며 힘든 일도 똑같이 했어요. 보다 못한 마을 사람들이
좀 쉬면서 일을 하라고 하면 호찌민은 힘든 것은 다
마찬가지라고 대답했습니다.
또 그는 아이들에게는 한없이 자상한 이웃 아저씨였어요.
흙투성이 아이가 달려와 안기면 개울로 데려가 깨끗이 씻어
주고 아이들을 품에 안고 책도 읽어 주었어요.

호찌민의 흉상 ⓒ Ken Marshall

조국의 독립을 이루고 주석이 된 뒤에도 호찌민은 굶주리는
사람과 글을 모르는 사람이 없도록 애쓰면서 더 열심히
국민들을 위해 봉사했지요. 때문에 호찌민은 모든
베트남 사람들에게 '호 아저씨'로 불리며 존경을 한 몸에
받았습니다.
이러한 호찌민의 따뜻한 리더십은 여전히 베트남 국민
마음속에 남아 있답니다.

베트남의 수도 하노이에 있는 호찌민의 집
ⓒ joxeankoret

호찌민이 남긴 책 《옥중일기》

호찌민은 쉰두 살이던 1942년 8월, 중국으로 가는 길에 중국 국민당 정부의 경찰에
체포되어 14개월 동안 감옥에 갇혀 있었어요. 이 기간 동안 그는 감옥을 18곳이나
옮겨 다니며 수감 생활을 했지요. 그 사이 호찌민의 건강은 몹시 나빠졌습니다.
하지만 그는 절망하지 않고 감옥 안에서 자신의 마음을 시로 적었어요. 훗날 그
시들을 모아 펴낸 책이 바로 《옥중일기》입니다.

"스스로 권면(勸勉, 알아듣도록 권하고 격려함)하며
엄동설한의 초라함이 없다면 따스한 봄날의 찬란함도 결코 없으리.
불운은 나를 단련시켰고 내 마음을 더욱 굳세게 한다." -《옥중일기》 중-

힘겨운 생활을 꿋꿋이 견뎌 낸 호찌민은
베트남 국민의 사랑을 받는 인물입니다.

2 슬픔을 삼키고

호찌민이 열 살이 되던 해,
아버지는 후에에서 북쪽으로
500킬로미터나 떨어진 곳에
관직을 얻어 혼자 떠나게 되었습니다.

당신과
아이들이 걱정이오.
곧 넷째도 태어날
텐데…….

정말 잘되었어요.
이곳 걱정은 말고
열심히 일하세요.

아버지, 안녕히
다녀오세요.

몸조심
하세요.

*담금질: 금속 재료를 높은 온도에 두었다가 물이나 기름에 담가 식히는 일

슬픔을 삼키고 **49**

아, 자식을 전쟁터로 보내지 않기 위해 돈을 내겠다는 베트남 부자들의 편지군.

말도 안 돼! 게다가 이 사람들은 부자이면서도 가난한 농민들에게 돌아가야 할 땅을 몽땅 차지하고 있어! 당장 전부 잡아들여 혼쭐을 내야 하는데!

이봐, 좀 눈감아 주게. 모두 내 친구라고. 하도 부탁을 하기에 잠깐 빌려준 것뿐이야.

자, 이거 받고 마음 풀어.

뭐라고? 이런 썩어 빠진 인간 같으니! 당신 눈에는 고통받는 우리 민족이 보이지 않는가?

뭐야, 얘가 프랑스의 왕자님이라도 되나?

우리 집에는 하인이 스무 명도 넘어. 저기 정원을 손질하고 있는 노인이 가장 오래된 하인이지.

힘든 일은 모두 우리 베트남 사람들 차지야······.

야, 촌뜨기!

넌 어떻게 좋은 걸 보고 와도 하나도 변한 게 없냐?

이 촌스러운 삿갓은 언제 벗을래?

호찌민은 열심히 공부하여 국립 학교인 꾸옥혹에 장학생으로 입학했습니다. 꾸옥혹은 후에에서 최고로 손꼽히는 프랑스식 교육 기관이었습니다.

저 촌뜨기는 공부밖에 할 줄 아는 게 없나 봐. 어휴, 꼴 보기 싫어!

부러우면 부럽다고 말해. 사실 너희 중에 땃탕만큼 프랑스 말과 문화, 문학, 철학을 두루 잘하는 사람은 없잖아?

난 흔들리지 않아. 내가 이 학교에 온 건 너희를 이기기 위해서니까.

호찌민은 프랑스어를 배우고 프랑스 역사를 배우면서도 베트남 사람임을 잊지 않았습니다. 그리고 학교 공부뿐만 아니라 역사와 개혁, 저항, 혁명 등에 관한 책을 스스로 찾아 읽으며 베트남의 앞날을 고민했습니다.

호찌민의 나라, 베트남

베트남은 동남아시아에 있는 사회주의 국가로 정식 명칭은 '베트남 사회주의 공화국'입니다. 정치 현상과 지리적 특성 때문에 강대국의 침략과 지배를 자주 받았지요. 그럼 베트남에 대해 조금 더 알아봅시다.

노란색으로 표시된 곳이 베트남입니다.

하나 · 베트남의 국토

베트남의 국토는 인도차이나 반도 동쪽 끝에 남북으로 약 1,600킬로미터에 걸쳐 길게 뻗어 있습니다. 국토는 크게 다섯 지역으로 나뉘어요.

북부 고원 지대: 북서부의 산악 지대로 중국과 라오스까지 뻗어 있어요. 대부분 밀림으로 덮여 있고 베트남에서 가장 높은 판사판산(3,143미터)이 있습니다.

송코이강 삼각주: 북부 고원 지대에서 통킹만까지 뻗어 있으며 땅의 높이가 낮은 저지대입니다. 베트남 북부의 주요한 농경 지대로 예로부터 베트남 민족의 주요 활동 무대였어요.

안남산맥: 북부 고원 지대에서부터 호찌민시의 북쪽으로 약 80킬로미터 떨어진 지점까지 뻗어 있습니다. 이 산맥의 높은 지역에는 먀오 · 모이 · 몬타냐 등 여러 소수 민족들이 살고 있지요.

해안 저지대: 중동부 지역을 차지하고 있습니다. 송코이강 삼각주에서 메콩강 삼각주까지 펼쳐져 있고 전역에서 쌀을 생산하며, 어업도 주요 산업입니다.

송코이강 삼각주 지역 통킹만의 위성 사진

메콩강 삼각주: 남부에 있는 베트남의 주요 농업 지대로 베트남 주민의 절반 이상이 살고 있습니다.

소수 민족인 먀오족. 주로 산지에 거주하고 중국, 동남아시아 등에서도 살고 있습니다.
© Brian Snelson

둘 베트남의 문화

베트남은 정부가 공식적으로 인정한 민족의 수가 54개나 되는 다민족 국가입니다. 최대 민족은 킨족(또는 비엣족)으로 보통 '베트남인'이라고 할 때는 이 '킨족'을 가리켜요.

베트남 안에서는 소수 민족의 수만큼 다양한 언어가 사용되고 있어요. 이중에서 공용어는 '베트남어'입니다. 크리스트교를 알리러 온 서양 사람들이 베트남의 민족 문자를 로마자로 옮겨 사용했는데 이것이 발전하여 베트남어가 되었지요.

베트남 문화는 중국의 영향을 많이 받았어요. 동남아시아 국가 중에 중국과 가장 가까우며 오랫동안 중국의 지배를 받았기 때문이에요. 그래서 인도 문화의 영향을 받은 대부분의 동남아시아 국가들과는 다른 문화를 가지고 있습니다. 그중 하나가 '유학'이에요. 베트남에서 정부의 관리가 되거나 높은 자리에 오르려면 유학을 공부하고 과거 시험을 통과해야 했지요. 그래서 호찌민의 아버지도 과거 준비를 한 거예요. 베트남은 공부와 교육을 중요하게 여기는 민족으로도 유명하답니다.

전통 춤을 추는 참족 여인. 참족은 베트남 중부에 있었던 '참파'라는 국가를 세운 민족입니다.
© Jeremy Couture

who? 지식사전

베트남의 전통 의상, 아오자이

베트남 민속 의상 아오자이는 '긴 옷'이란 뜻이에요. 품이 넉넉한 바지와 길이가 긴 윗옷으로 이루어져 있지요. 명절이나 중요한 행사 때 차려입기도 하지만 생활복이나 여학생 교복으로 쓰이기도 합니다.

기후가 따뜻한 베트남에서는 아오자이를 환경에 맞게 얇은 천으로 만들어 입습니다. 오늘날 몸매가 드러나게 입는 아오자이는 프랑스 식민지 시대에 개량된 옷이에요. 남성용 아오자이도 있지만, 결혼이나 전통 의식 등이 있을 때에만 입습니다.

아오자이를 입은 여성들

셋   베트남의 정치

셋   베트남의 정치

사회주의 국가인 베트남을 통치하는 세력은 공산당입니다. 베트남 공산당은 1930년에 창립되었으며, 창립 때부터 지금까지 정책을 결정할 때 만장일치 원칙과 비밀주의 원칙을 철저하게 지켜 오고 있어요.

현재 베트남에서는 서기장, 국가 주석, 총리가 권력을 나눠 갖고 있는데 최고 권력자는 서기장이에요. 국가 주석은 군사권과 외교권을 행사하고, 총리는 정치와 경제 분야를 두루 맡아 봅니다. 최근에는 국가 주석과 총리의 권한이 강화되고 있지요.

오늘날 베트남은 모든 국가와 우호적인 관계를 맺으려는 정책을 펼치고 있어요. 베트남 전쟁 이후 수교가 끊어졌던 미국과도 1995년에 다시 교류를 시작했고, 1998년에는 아시아 태평양 경제 협력체(APEC)에 가입했으며, 2007년 1월에는 세계 무역 기구(WTO) 회원국이 되었답니다.

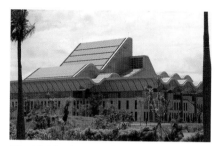

하노이에 있는 베트남 국립 컨벤션 센터

베트남의 수도 하노이. 북베트남의 수도였다가 1976년 베트남이 사회주의 국가로 통일되면서 통일 베트남의 수도가 되었습니다.

who? 지식사전

베트남의 국기, 금성홍기. 빨강 바탕은 혁명의 피와 조국의 정신을, 금빛 별의 5개 모서리는 노동자·농민·지식인·청년·군인의 단결을 나타냅니다.

베트남과 사회주의

베트남이 택한 사회주의란 개인이 재산을 소유하는 것, 즉 사유 재산 제도를 인정하지 않고 사회 전체가 재산을 나누어 가지는 사상을 말해요. 개인이 재산을 가지는 자본주의에서 발생하는 사회적·경제적인 문제점을 극복하기 위해 나온 것이지요. 우리나라가 택하고 있는 자본주의와는 반대 개념이라고 볼 수 있어요. 자본주의는 자유로운 경제 활동을 통해 이윤을 얻을 수 있는 사회를 말합니다. 베트남은 수십 년동안 사회주의 국가인 소련(지금의 러시아), 중국, 쿠바 등의 문화만 받아들이고 자본주의 국가의 문화는 받아들이지 않았어요. 하지만 1990년대 이후부터는 동남아시아, 유럽, 미국의 문화를 적극적으로 받아들여 나라 발전을 도모하고 있답니다.

넷 ▷ 베트남의 경제

베트남은 공산화 이후 경제 기반이 무너져 나라 전체가
무척 가난했습니다. 그러던 중 1986년, 서기장에 취임한
응우옌반린이 경제의 일부를 개방하는 '도이머이 정책'을
시행하면서 농지를 각자 경작해 여분의 쌀을 팔 수 있도록
했어요. 그 결과 1990년대 이후 쌀 생산량이 크게 증가해
쌀을 수출까지 하게 되었는데, 지금은 세계 3위 안에 드는 쌀
수출국으로 성장했답니다.

베트남은 외국의 투자를 이끌어 내는 데 많은 노력을 기울이고
있어요. 1980년대 말부터 외국인의 투자 재산을 보호하는
법을 만들었고, 1990년대에는 동남아시아 국가 연합에
가입하는 등 국제 활동을 활발히 하여 국가 가치를 높이고
있지요. 이런 노력 덕분에 베트남은 10퍼센트에 가까운
경제 성장률을 기록하며 발전했습니다.

베트남 노동 인구의 66퍼센트는 농업 같은 제1차 산업에
종사하고 있지만 최근에는 제2차 · 제3차 산업뿐만 아니라
관광 산업을 활성화시켜 많은 외화를 벌고 있답니다.

벼를 재배하는 베트남의 계단식 논

하노이에 있는 공자의 사당인 문묘 ⓒ Chuoibk

유네스코 세계 자연 유산인 '하롱베이'

하롱베이는 통킹만 북서부에 있는 만이에요. 넓이는 1,500킬로미터에 이르며
3,000개의 크고 작은 기암괴석과 섬으로 이루어져 있어요. 지형이 험준하여 사람이
살지 않는데 그 덕분에 아름다운 자연이 그대로 보존되어 있지요.
하롱베이의 '하(Ha)'는 '내려온다', '롱(Long)'은 '용'이라는 뜻으로 '하늘에서 내려온
용'을 가리키지요. 사실 '하롱'이라는 이름은 바다 건너에서 쳐들어온 적을 막으려고
하늘에서 용이 내려왔다는 전설에서 비롯됐어요.
하롱베이는 1962년 베트남의 역사 · 문화 · 과학 보존 지역으로 지정되었고,
1994년에는 유네스코 세계 자연 유산으로 등재되었답니다.

유네스코 세계 자연 유산인 하롱베이
ⓒ macrider

3 가슴에 스며든 별빛

세금을 낮추어 달라!
강제 노동을
중지하라!

1908년, 열여덟 살이 된 호찌민은
후에의 거리에서 농민들의 시위에
참여합니다.

농민들이 시위를
벌이고 있잖아?

그런데 저렇게
베트남 말로 하면
프랑스 관리들이
알아들을 수 있을까?

우리가 나서서
농민들의 말을 전해 주자.

호찌민은 농민들의 시위에 가담했다는
이유로 꾸옥혹에서 퇴학당했습니다.
그리고 아버지와 형과 누나까지 모두
경찰의 감시를 받게 되면서
가족이 뿔뿔이 흩어지게 됩니다.

호찌민은 오랫동안 가족의
소식을 알 수 없었습니다.
그러던 어느 날 아버지가 길에서
돌아가셨다는 소식만
전달받았습니다.

베트남의 비극은 1858년 8월에 프랑스 군대가
베트남을 침공하면서부터 시작되었습니다.
프랑스는 베트남 왕조가 프랑스 선교사를
살해했다는 이유로 전쟁을 시작했지만,
그것은 핑계였습니다.

프랑스는 1862년, 베트남 남부 지역을 빼앗아 식민지로 만들더니 베트남과 가까이 있는 캄보디아와 라오스를 점령하고, 1885년에는 북부 베트남까지 식민지로 만들었습니다.

이제부터 베트남을 셋으로 나누어 새로운 이름을 붙이겠습니다.

그게 무슨 말이오! 베트남이라는 나라 이름을 두고 왜 새로운 이름을 붙여야 하지?

베트남이라는 명칭을 그대로 가지고 있으면 베트남 사람들에게 독립심을 불러일으킬 테니까요.

프랑스는 베트남을 자기들 멋대로 통킹(북부), 안남(중부), 코친차이나(남부) 세 부분으로 나누어 다스리며 착취했습니다. 당시는 유럽의 *강대국들이 아시아, 아프리카, 아메리카 대륙의 작은 나라들을 식민지로 삼으려고 혈안이 되어 있던 시대였습니다.

흠, 베트남에는 쓸모없는 광산이나 고무나무밖에 없잖아.

아프리카나 아메리카의 식민지에서는 금과 보석 같은 것을 가져와 엄청난 돈을 벌어들일 수 있는데……

*강대국: 병력이 강하고 영토가 넓어 힘이 센 나라

또 베트남 농민들은 수확물의 대부분을 세금으로 내야했고, 돈을 빌리게 되면 터무니없이 비싼 이자를 물어야 했습니다.

올해는 가뭄까지 들어 농사를 망쳤으니 이제 어떻게 살아갈꼬!

도시로 가서 공장에 취직하면 굶어 죽지는 않는다더군. 가 보세.

살기 힘든 농민들은 농촌을 떠나 도시로 갔지만 그곳의 사정도 마찬가지였습니다. 힘들게 일하고 받는 돈은 얼마 되지 않는 데다가 세금은 농촌보다 훨씬 많았기 때문입니다.

아무리 생각해도 이상해. 고향에서 농사지을 때보다 수입은 훨씬 많아졌는데 오히려 살기는 더 힘들다니…….

도시는 물가가 비싸니까 그렇지.

오죽하면 도시의 10달러가 농촌의 1달러와 같다는 말이 나오겠어?

그새 소금값이
또 올랐어요?
정말 너무하네!

이게 모두 프랑스 때문이야.
사는 데 없으면 안 되는
물건들을 비싼 값에 팔잖아.
우리는 죽을 때까지 이렇게
살 수밖에 없다고.

프랑스가 세금을
많이 올려서 이렇게
팔지 않으면 우리도
남는 게 없어요.

정말 답답하네요.
비싸다고 소금을 먹지
않을 수도 없고……

뼈 빠지게 일하며
열심히 사는데도
빚만 자꾸
늘어나는군.

우리에게는 미래가 없어.
도대체 언제까지 이렇게
살아야 할까……

하아…….
저들과 맞서 싸우기 위해 프랑스어를 배우고, 닥치는 대로 공부했지만 여전히 내가 할 수 있는 일은 없어.

호찌민은 퇴학당한 후에 허드렛일을 하며 베트남 곳곳을 떠돌아다녔습니다. 베트남 어느 곳도 상황은 같았습니다. 프랑스 사람들은 식민지 국민들을 착취하여 편히 살았고, 베트남 사람들은 그 아래에서 힘겨운 하루하루를 보내고 있었습니다.

너는 베트남을 사랑하니?

물론이지. 그런데 그건 왜 물어?

비밀인데 지켜 줄 수 있어?

나는 해외로 가려고 해. 프랑스와 유럽의 힘센 나라들이 어떻게 사는지 보고 나면 우리 베트남이 살아갈 방법을 찾을 수 있을 것 같아.

뭔데 그래? 어서 말해 봐.

작지만 강한 나라

인도와 중국 사이에 있는 베트남은 지리적 특성 때문에 외국의 침략과 지배가 끊이지 않았습니다. 특히 서양 강대국들이 아시아로 몰려오던 19세기 말부터 1975년 미국이 베트남을 떠나는 순간까지 침략자들과의 싸움이 한시도 멈추지 않았어요. 하지만 베트남은 결국 승리자가 되어 세계 역사에 두 가지 기록을 남겼습니다. 하나는 식민 지배를 받는 나라로서 식민국(식민지를 가진 나라)과 전쟁을 벌여 독립을 이룬 최초의 나라라는 점, 다른 하나는 세계 최강인 미국과 싸워 이긴 유일한 나라라는 점입니다.

중국 시안의 성벽 유적. 시안은 중국의 옛 도시로 한나라의 수도였습니다. 그때는 장안이라고 불렸습니다. © Siggi

하나   중국의 지배

기원전 257년, 베트남 최초의 국가인 홍방 왕조가 세워져요. 그러나 기원전 111년에 중국의 한나라(전한)에게 나라를 빼앗겨 이후 1000년 동안 중국의 지배를 받게 됩니다.

중국과의 끝없는 싸움

베트남에 쩐 왕조가 들어섰을 때, 중국은 원나라의 통치를 받고 있었습니다. 원나라는 칭기즈 칸의 후예가 세운 몽골 제국에서 이어진 나라예요. 힘센 군대를 가진 원나라는 중국 땅으로 세력을 넓혔고 베트남까지 침략했습니다. 당시 원나라 황제였던 쿠빌라이 칸은 베트남뿐만 아니라 아시아를 넘어 유럽까지 집어삼킬 욕심을 품고 있었어요. 베트남의 쩐흥다오 장군은 원나라에 당당히 맞섰고, 당시 최강이었던 원나라 군대를 세 번이나 물리쳤지요. 하지만 전투에 많은 힘을 소모한 쩐 왕조는 결국 무너지고 말아요.

원나라의 시조, 쿠빌라이 칸

되풀이된 식민지, 그리고 독립

쩐 왕조의 뒤를 이어 호 왕조가 들어서지만 다시 중국의
침략을 받아 식민지가 됩니다. 베트남의 호 왕조는 남부
지방의 소수 민족이 세운 참파 왕국을 공격했는데, 그들의
요청을 받은 중국의 명나라가 베트남에 들어온 거예요.
1406년 베트남을 침략한 명나라는 2개월 만에 수도를
점령하고, 베트남의 이름을 '교지'라고 바꿨습니다. 교지는
발가락이라는 뜻인데, 중국이 그만큼 베트남을 깔보고
있었던 것이지요.
베트남 곳곳에서는 중국에 대한 저항 운동이 일어났습니다.
그중 지방에서 군사를 일으킨 '레러이'가 명나라군과 10년
동안 싸워 독립을 이루지요.
그리고 이듬해 나라 이름을 '다이비엣'이라 정하고, 중국의
문물을 받아들입니다. 하지만 그것을 못마땅해하던
국민들은 반란을 일으켰고 결국 왕조는 무너지고 말아요.
이후로도 새로운 왕조들이 여럿 세워졌지만 모두 오래가지
못했답니다.

명나라의 초대 황제인 주원장. 그가 세운 명나
라는 베트남을 또다시 중국의 식민지로 만들
었습니다.

타인호아의 휴양지인 섬선 해변. 이곳은 레러이가
세운 왕조의 발상지로 지금은 유명한 관광지가
되었습니다. ⓒ Nguyen Thanh Quang

who? 지식사전

중국과 맞서 싸운 영웅, 쯩 자매

쯩짝과 쯩니 자매는 중국과 맞서 독립운동을 벌인 베트남 최초의 독립운동가로, 베트남의
전설적인 여성 지도자예요. 쯩 자매는 지금으로부터 약 2000년 전, 중국 한나라(후한)의
지배를 받고 있던 베트남에게 독립을 안겨 주었어요. 그리고 나란히 여왕이 되어 3년 동안
나라를 다스렸지요. 쯩 자매는 중국이 강제로 걷었던 무거운 세금을 없애고, 제각기 다른
전통을 가진 여러 부족들이 서로 존중하는 법을 만들어 살기 좋은 나라로 만들었어요.
하지만 중국의 광무제가 대규모의 군사를 이끌고 다시 쳐들어왔고, 쯩 자매는 전투에서
패배하고 말았어요. 적군에게 명예를 짓밟힐 수 없었던 쯩 자매는 강물에 몸을 던져 최후를
맞이했답니다. 쯩 자매는 오늘날까지 베트남 사람들의 존경과 사랑을 받고 있어요.
베트남 곳곳에 쯩 자매를 모시는 사당이 있고, 하노이에 있는 전쟁 박물관에는 쯩 자매
전시관도 있답니다. 또 쯩 자매가 자결한 날을 기념일로 지정하여 매년 축제를 열기도 하지요.

호찌민시에 있는 쯩 자매의
조각상 ⓒ Amore Mio

베트남에 유럽인이 들어오기 시작한 것은
16세기부터입니다. 이 시기에 포르투갈, 네덜란드, 중국,
일본, 동남아시아의 상인들이 몰려들었어요. 그들의
뒤를 이어 크리스트교를 알리는 선교사들도 베트남에
들어왔지요.

1802년, 베트남은 프랑스 선교사들의 도움을 받아 마지막
왕조인 응우옌 왕조를 세웁니다. 응우옌 왕조를 세울 때
프랑스 선교사들은 반란을 진압하는 데에 필요한 군사를
지원해 주었어요. 그리고 그 대가로 베트남에서 자유롭게
크리스트교를 알릴 수 있게 되었지요. 19세기 중반이 되자
베트남의 크리스트교 신자는 46만 명으로 늘어났어요.
그러자 베트남이 서구 문물에 물들 것을 걱정한 응우옌
왕조는 크리스트교를 탄압하며 선교사를 살해하기도
했습니다. 이러한 일들은 프랑스가 베트남을 침략하는
구실이 되었어요.

프랑스는 크리스트교 탄압을 이유로 1858년, 베트남을
침공해 100여 년 동안이나 지배했습니다.

나폴레옹 3세. 나폴레옹 3세는 프랑스 초대 대통령이자
프랑스의 두 번째 황제입니다. 그는 천주교를 탄압했다는
이유로 베트남을 침략했어요.

who? 지식사전

프랑스에 저항한 베트남의 전사들

판보이쩌우

판보이쩌우는 베트남이 프랑스 지배 아래 있던 1867년에
태어났어요. 그는 독립운동을 하던 중, 프랑스인에게
발각되자 일본으로 망명해요. 그리고 프랑스의 야만적인
행동을 세계에 알리기 위해 힘썼습니다.
하지만 프랑스 경찰에 체포되어 베트남으로 돌아와요. 이후
평생을 프랑스의 감시 아래 지냈지만 그의 활동은 많은
베트남 사람들의 마음을 움직였답니다.

응우옌타이혹

농민의 아들로 태어나 혁명가가 된 응우옌타이혹은
무력으로 싸워서 독립을 쟁취하려고 했어요. 타이혹이
만든 베트남 국민당은 1930년, 프랑스 육군 막사를
습격하여 프랑스 장교 6명을 살해하고 무기와 탄약을
탈취하는 성과를 올렸어요. 하지만 결국 강한 무기를 지닌
프랑스군에게 패하고 말았지요. 타이혹은 스물여섯 살의
젊은 나이로 사형을 당합니다.

1939년 제2차 세계 대전이 일어나면서 그 여파가 베트남까지 밀려 들어왔습니다. 독일이 프랑스를 침공하자, 독일의 동맹국인 일본이 베트남을 공격한 것입니다.

일본은 1941년부터 전쟁이 끝난 1945년까지 베트남을 지배했는데 일본은 프랑스보다 더 악랄하게 베트남을 착취했어요. 쌀을 빼앗고, 논밭에 곡식 대신 전쟁에 필요한 작물을 심었지요. 여기에 태풍과 홍수까지 닥치면서 수많은 베트남 국민들이 굶어 죽었습니다.

호찌민이 이끄는 독립운동 단체 베트민은 독립을 이루기 위해 미국과 손을 잡았어요. 당시에는 미국도 독일과 일본에 대항해 싸우고 있었으니까요.

1945년, 미국은 제2차 세계 대전을 끝내기 위해 일본에 원자 폭탄을 투하하고, 일본은 항복을 선언합니다. 그리고 그해 8월, 호찌민은 베트남 민주 공화국을 세우고 주석의 자리에 오르게 됩니다.

베트민의 승리를 기념하는 기념비. 베트남의 수도 하노이에 있습니다. ⓒ Hector Garcia

'베트남'이라는 나라 이름의 유래

베트남

베트남은 본래 중국의 남부에서 이주해 온 비엣족(또는 킨족)을 중심으로 이루어진 나라예요.

비엣족은 북부를 가로지르는 송코이강 삼각주를 중심으로 번성했는데, 인구가 늘어나자 계속 남쪽으로 영토를 넓혀 갔지요. 이 비엣족을 가리키는 말이 '비엣남'으로 바뀌었고 그것이 다시 베트남으로 바뀌면서 그들이 세운 나라의 이름도 '베트남'으로 불리게 된 것입니다.

월남

베트남을 '월남'이라고도 해요. 19세기 초에 베트남을 통일한 응우옌 왕조의 첫 번째 왕인 가륭제는 나라 이름을 '남월'로 정하고 중국 청나라에 알렸어요. 여전히 중국의 힘을 무시할 수 없던 때여서 중국의 인정을 받기 위함이었지요. 그러자 청나라는 이미 중국 내에 남월이란 나라가 있으니 글자의 앞뒤를 바꾼 '월남'이 어떠냐는 제안을 했어요. 가륭제는 이것을 승낙하여 새로 통일한 나라의 이름을 월남으로 정했습니다.

4 식민지의 청년

꼭 붙들어! 잘못하다간 빠져 죽겠어!

호찌민은 배에서 일하는 3년 동안 유럽, 아시아, 아프리카, 남아메리카 등 세계 곳곳을 다녔습니다. 그러면서 유럽의 백인들에게 지배받는 많은 *유색 인종을 보았습니다. 주권을 빼앗긴 나라의 국민은 모두 베트남 사람들과 같은 고통을 겪고 있었습니다.

빨리 배를 끌어오지 못해?

어푸! 사람 살려!

어휴, 저 멍청이들!

안 되겠다, 너희가 가서 끌어와.

지금 들어갔다간 모두 죽어요. 그러니 폭풍이 잦아들면……

명령을 거역하다니! 죽고 싶나? 어서 들어가 배를 건지란 말이야, 당장!

아, 알겠어요.

*유색 인종: 황색, 동색, 흑색 따위의 유색 피부를 가진 모든 인종. 백색 인종을 제외한 모든 인종을 이르는 말이다.

으악, 살려 주세요!

역시 명청한 흑인 놈들은 겁을 줘야 말을 듣는다니까. 안 그래?

이, 이럴 수가!

이건 우리 베트남만의 문제가 아니었어. 힘으로 사람을 지배할 수 있다는 생각을 없애야 해. 그래야 약한 사람들도 행복해질 수 있어.

내가 할 수 있는 일이라곤 이런 것뿐이야. 편하고 돈을 많이 버는 일은 어딜 가든 모두 백인들 차지지.

1914년, 3년간의 선원 생활을 마치고 영국에 머물게 된 호찌민은 청소부와 보일러 수리공, 호텔 주방 보조 등 닥치는 대로 일을 하며 지냈습니다. 굶어 죽지 않으려면 쉬지 않고 일을 해야 하는 매우 고통스러운 생활이었습니다.

밖은 눈이 내리는데 보일러실 안은 숨도 쉴 수 없을 만큼 덥네. 너무 힘들어. 하지만 우리 베트남 사람들은 50년이 넘도록 이렇게 살아왔겠지…….

몸으로 부딪히며 세상을 배우는 건 정말 힘든 일이야.

땃탕, 쇠는 담금질 당하며 더욱 강해진단다.

그래, 힘들고 고통스러울수록 희망을 잃지 말아야 해. 내가 스스로 일어설 수 있는 그날까지!

어? 멀쩡한 음식을 누가 버렸지?

따로 보관했다가 가난한 사람들에게 줘야겠어.

뭐 하는 거야? 왜 쓰레기를 다시 주워 와?

쓰레기라고요? 먹을 수 있는 음식을 아깝게 왜 버립니까? 세상에는 이런 음식을 구경조차 못 하는 사람도 많아요.

그래도 어떻게 남이 남긴 음식을 먹을 수 있어? 더럽게!

하나도 더럽지 않은데요? 이렇게 좋은 음식을 버리면서도 아까운 줄 모르는 사람의 마음이 진짜 더러운 거죠.

호찌민은 조금이라도 시간이 나면 무엇이든 닥치는 대로 읽었습니다. 영국에서 구할 수 있는 신문과 잡지, 책에는 베트남에서 접할 수 없었던 방대한 지식이 들어 있었습니다.

자네는 틈만 나면 책이로군. 점심시간인데, 밥은 안 먹나?

전 괜찮아요. 남은 음식으로 대충 배를 채웠거든요.

도대체 그렇게 많은 책을 읽는 이유가 뭐야?

파리로 가야겠어. 호랑이를 잡으려면 호랑이 굴로 들어가라는 말도 있잖아? 프랑스의 수도 파리에 가면 해답을 찾을 수 있을 거야.

호찌민은 1917년, 제1차 세계 대전이 한창이던 때에 프랑스의 수도 파리로 갔습니다. 베트남 독립을 위한 길을 찾기 위해서였습니다. 호찌민은 파리에서도 하인, 정원사 같은 일을 하면서도 공부 또한 게을리하지 않았습니다.

딷탕, 안에 있나?

어서 오게. 연락도 없이 웬일이야?

파리에서 베트남 독립운동을 하고 계신 판보이쩌우 선생님을 모시고 왔네.

아저씨, 저 기억하세요? 어렸을 때 킴리엔의 집에서 뵌 적이 있는데…….

하하, 자네가 정말 신삭의 둘째 아들이란 말인가? 어린 꼬마가 이렇게 멋진 청년이 되었군.

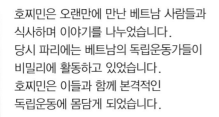

호찌민은 오랜만에 만난 베트남 사람들과
식사하며 이야기를 나누었습니다.
당시 파리에는 베트남의 독립운동가들이
비밀리에 활동하고 있었습니다.
호찌민은 이들과 함께 본격적인
독립운동에 몸담게 되었습니다.

땃땅, 미국의 윌슨 대통령이
1917년에 발표한
민족 자결주의에 대해
알고 있나?

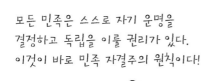

모든 민족은 스스로 자기 운명을
결정하고 독립을 이룰 권리가 있다.
이것이 바로 민족 자결주의 원칙이다!

네. 오랜 시간 힘센 나라들의
식민 지배를 받아 온 우리에게
그보다 기쁜 소식은 없겠지요.

나도 그렇게 생각해.
그래서 말인데…….
곧 제1차 세계 대전에서 승리한
나라의 대표들이 모이는 자리가
있다고 하네.

이런 기회를
놓칠 수는 없어요!
우리 베트남의 독립을
요구하는 글을 써서
그들을 찾아가겠어요.

호찌민은 '나라를 구한다'라는 뜻을 담은 '응우옌아이꾸옥'이란 이름으로 〈베트남 인민의 8항목의 요구〉라는 글을 썼습니다. 호찌민은 이름을 바꿈으로써 베트남의 독립을 위해 자신의 인생을 바치기로 결심한 것입니다.

나는 프랑스에 베트남 사람들의 자유를 보장하고, 강제 노동을 없앨 것을 요구한다.

연합국 대표들을 꼭 만나야 해요. 우리 베트남의 운명이 걸려 있단 말입니다!

귀찮게 하지 말고 꺼져!

1919년 1월, 호찌민은 연합국 대표들에게 자신이 쓴 요구서를 전달하기 위해 회의가 열리는 베르사유 궁전으로 갔습니다. 하지만 그는 회의장에 들어가지도 못한 채 쫓겨나고 말았습니다.

알고 보니 그날 회의에 참여한 사람들 중에 약자의 이야기를 들어줄 사람은 단 한 명도 없었습니다. 전쟁에서 이긴 힘센 나라들이 자기들끼리 식민지를 나눠 갖기 위해 모인 자리였기 때문입니다.

자유는 스스로 되찾아야 하는 건데, 힘 있는 사람들에 기대어 베트남의 독립을 이루려 했다니…… 내가 어리석었어.

호찌민은 베트남 독립을 위한 글을 써서 거리로 나가 시민들에게 나누어 주었습니다. 그리고 프랑스 대통령과 국회 의원, 지도자들은 물론 신문사에도 보내 사회의 관심을 이끌었습니다. 호찌민은 금세 프랑스와 베트남에서 주목받는 인물이 되었습니다.

베트남 국민은 독립을 원한다!

프랑스는 베트남 땅에서 물러나라.

모든 민족에게는 스스로의 운명을 정할 권리가 있다!

베트남 청년, 독립을 부르짖다!

우리 프랑스가 베트남 사람들을 이렇게 무자비하게 대한다니!

정말 용감한 젊은이군요. 이렇게 공개적으로 당당하게 자신의 의견을 발표하다니.

도대체 꾸옥이 누군데 프랑스 전체를 떠들썩하게 만드는 거야?

여기 조사한 자료를 가져왔습니다.

흠, 위험한 인물이군. 계속 감시해!

그러던 어느 날, 책을 읽던 호찌민은 소련(지금의 러시아)의 지도자 *레닌이 쓴 글을 보고 눈앞이 환해지는 것을 느꼈습니다.

그래, 바로 이거야!

*레닌: 소련의 정치가. 소련 공산당을 만들어 이끌었으며 러시아 혁명을 지도하였다.

식민지가 독립을 이루려면
노동자와 농민이 앞장서야 한다.
그래야 진정한 독립을 이룰 수 있고,
후에 새로 세우는 나라도 노동자와
농민이 주인인 정부가 될 것이다.

당시 유럽에서는 '사회주의 사상'이 유행하였는데,
호찌민도 같은 생각을 가지고 있었습니다.
사회주의 사상이란 개인이 재산을 가지지 않고,
사회의 자원을 함께 사용하면서 누구나 평등하게
잘사는 나라를 만들어야 한다는 주장이었습니다.

어린 시절부터 힘이 약하다는 이유로
프랑스에 짓밟히는 베트남 사람들을 보며
분노했던 호찌민이 누구나 평등하게 잘사는 나라를
꿈꾸게 된 것은 당연한 일이었습니다.

그런데 어떻게 해야
노동자와 농민들이
독립운동에 나설 수
있을까?

호찌민은 자신의 생각을 전하기 위해
*〈르 파리아〉라는 신문을 만들었습니다.
그는 신문에 싣는 글과 그림은 물론, 신문을
포장하고, 배달하는 일까지 도맡았습니다.

우리 같은 노동자와 농민이
힘을 합쳐서 독립을
이루어야 한다네.

억압받고 착취당하는
식민지 국민들의 마음을
어쩌면 이렇게 잘 알 수
있을까?

호찌민은 식민 지배 아래 있는
국민들에게 영향을
미치기 시작했습니다.
그럴수록 프랑스 경찰의 감시는
심해졌습니다. 호찌민은 여러 번
숙소를 옮기고 일자리를 바꾸면서
힘겨운 생활을 이어 갔습니다.

*〈르 파리아〉: '파리아'는 '천민'이라는 뜻으로, 가장 힘없는 노동자와 농민을 위해 지은 이름이다.

베트남이 겪은 전쟁

하나 제2차 세계 대전

제2차 세계 대전 중 독일은 프랑스를 점령하게 됩니다. 그러자
독일과 손잡은 일본은 1940년에 프랑스령 인도차이나 북부에,
1941년에는 프랑스령 인도차이나 남부에 침입했어요.
홍콩, 모스크바, 중국의 옌안과 윈난성 등을 오가며 활동하던
호찌민은 이 소식을 듣고 베트남으로 돌아와 '베트남 독립
동맹회(베트민)'를 조직하고 일본군과 싸웠습니다.
일본군이 항복한 1945년 8월 13일, 호찌민은 베트남
국민들에게 모두 함께 나서서 싸울 것을 호소했어요. 마침내
8월 17일에 베트민 주도 아래 전국적인 민중 항쟁이 일어났고,
베트민군은 하노이에 입성했습니다.
한편 일본 정부가 항복 문서에 서명하면서 제2차 세계 대전은
막을 내립니다. 뒤이어 그해 9월 2일, 호찌민은 베트남 민주
공화국의 독립을 선언합니다.

베트남, 라오스, 캄보디아 3개국을 보통
인도차이나라고 불러요. 이 지역은 프랑스
의 식민 지배를 받았습니다. ⓒ Jappalang

who? 지식사전

적의 허를 찌르는 '게릴라 전술'

벨라루스의 게릴라들. 소련의 연방이었던
벨라루스는 1991년에 독립했습니다.

'게릴라'는 에스파냐어로 '소규모 전투'를 뜻해요. 나폴레옹이 에스파냐과 전투를
벌였을 때, 에스파냐 사람들의 무장 저항을 게릴라라고 부른 데서 비롯됐지요.
일정한 거처 없이 불규칙한 움직임으로 적을 공격한 베트남은 이 게릴라 전술을
사용했어요. 그들은 자신이 사는 지역의 자연환경과 지형을 효과적으로 이용했지요.
베트남군은 기습 공격을 한 후 재빠르게 밀림 속으로 숨어 버렸기 때문에 아무리
강한 적이라도 진땀을 뺄 수밖에 없었어요.
사실 베트남 사람들은 게릴라 전술을 아주 오래전부터 사용했어요. 1257년
원나라가 베트남에 쳐들어왔을 때, 쩐흥다오 장군은 수많은 원나라 군사를
상대하기 위해 정면으로 싸우지 않고 게릴라 전술을 선택했지요. 이 전술은
베트남을 승리로 이끌었답니다.

인도차이나 전쟁

인도차이나 전쟁은 제2차 세계 대전 이후 베트남이 독립, 통일하는 과정에서 프랑스, 미국, 중국 등과 벌인 전쟁을 가리킵니다.

제1차 인도차이나 전쟁은 1954년 베트남 사이공에서 일어난 봉기를 진압하기 위해 프랑스 군인이 상륙하면서 시작되었어요. 1954년 디엔비엔푸 전투에서 베트남군이 프랑스군을 무너뜨리고, 그해 제네바에서 휴전 협정을 맺으면서 제1차 인도차이나 전쟁이 끝났습니다.

제2차 인도차이나 전쟁은 세계 최강대국인 미국과 싸워 이긴 전쟁으로 '베트남 전쟁'이라고도 합니다. 이 전쟁을 통해 베트남은 전 세계에 자신들의 힘을 알렸어요.

제3차 인도차이나 전쟁은 1979년에 베트남이 캄보디아 공산당과 싸워 권력을 장악하자 캄보디아 공산당은 중국과 손을 잡고 베트남을 침공했어요. 베트남은 많은 전투 경험을 바탕으로 중국 군사들을 무찔러 평화를 찾았답니다.

1954년에 열린 제네바 협정. 이 협정에서 휴전을 맺음으로써 제1차 인도차이나 전쟁은 막을 내렸습니다.

디엔비엔푸 전투에서 베트남을 침공하는 프랑스의 낙하산 부대입니다.

동남아시아의 대륙부를 차지하는 '인도차이나'

인도차이나는 중국과 인도 사이에 있는 대륙 지역을 통틀어 일컫는 말이에요. 보통 베트남, 라오스, 캄보디아 3개국을 가리켜요. 이들은 19세기 후반부터 프랑스의 식민 지배를 받았어요. 그리고 제2차 세계 대전이 끝나면서 독립을 맞았지요. 식민 지배 기간 동안 세 나라가 속한 이 지역을 '프랑스령 인도차이나'라고도 불렀답니다.

인도차이나 지역에는 여러 민족이 섞여 살고 있어요. 그래서 옛날엔 대립과 다툼이 빈번히 일어났지요. 이 지역에 사는 대표적인 민족은 중국 문화의 영향을 받은 '베트남인'과 캄보디아 평원에 주로 살면서 인도 문화의 영향을 받은 '크메르인'이에요. 또 라오스 산지에는 '타이인'과 같은 계통에 속하는 '라오스인'이 살고 있습니다.

셋 베트남 전쟁

제1차 인도차이나 전쟁에서 패한 프랑스는 베트남에서 물러났습니다. 그러자 베트남에 진출할 계획을 가지고 있던 미국은 같은 뜻을 가진 사람들을 이용해 남부 베트남에 베트남 공화국을 세웠어요. 그 결과 베트남은 북베트남과 남베트남으로 나뉘었지요. 북베트남은 호찌민 정부가 다스렸고, 남베트남은 미국의 지원을 등에 업은 응오딘지엠 대통령이 다스렸어요.

베트콩을 잡기 위해 베트남 민가를 수색하는 미군 병사

전쟁의 시작

호찌민은 1960년 12월, 갈라진 조국을 통일하기 위해 '베트남 민족 해방 전선'을 만듭니다. 흔히 '베트콩'이라고 부르는 이 군사 조직은 남베트남의 많은 지역을 장악했어요. 그러자 미국은 1964년 8월 2일에 일어난 '통킹만 사건'을 구실로 북베트남을 공격했습니다. 통킹만 사건이란 미 해군함이 북베트남 북부의 통킹만 앞바다를 순찰하던 중 북베트남 군함의 공격을 받은 사건이에요. 이 일은 나중에 미국이 베트남을 공격하기 위한 구실을 만들려고 일부러 유도했다는 의심을 불러일으키기도 했지요. 이로써 미국과 베트남 간의 전쟁(제2차 인도차이나 전쟁)이 일어납니다.

통킹만 사건 때 북베트남 군함의 공격을 받은 미 해군함, 매독스호

who? 지식사전

공산주의 군사 조직인 '베트콩'

베트콩은 베트남어로 '베트남 공산주의자'를 뜻하는 '비엣꽁'에서 온 말이에요. 호찌민이 1960년에 결성한 베트남 민족 해방 전선의 군대인 '인민 해방군'을 지칭하는 말로 주로 쓰였습니다. 베트남 전쟁 중 미군은 호찌민이 이끄는 군대를 얕잡아 보는 뜻으로 이 호칭을 사용했어요.

베트콩의 활동 목적 중 대표적인 것은 응오딘지엠 정권을 무너뜨리고 베트남 민족이 중심이 되어 통일된 나라를 만드는 것이었습니다. 이외에도 경제적으로 독립하여 스스로 나라 살림을 꾸리고, 노동자와 농민이 마음 놓고 살 수 있도록 토지 제도를 개혁하며, 세계 평화를 지지하는 것 등이 베트콩에게 주어진 지침이었습니다.

전쟁의 참상

미국과 베트남의 전쟁은 매우 끔찍했습니다. 미국은 제2차 세계 대전 당시 연합국이 전 세계에 사용했던 것보다 1.5배나 많은 폭탄을 베트남에 퍼부었어요. 그로 인해 많은 베트남 사람들이 죽고, 소중한 문화유산들이 파괴되었지요. 베트남 민족 해방 전선이 주도한 베트남군은 미군과 끈질기게 싸웠어요. 이때 프랑스 군대에게 썼던 게릴라 전술이 또다시 힘을 발휘했답니다. 베트남 사람들은 북베트남에서 남베트남 끝까지 밀림에 비밀스런 길을 내고, 북베트남 군대가 남베트남에 와서 싸울 수 있도록 했어요. 베트남 사람들은 전쟁을 승리로 이끈 10,000킬로미터에 달하는 이 길을 '호찌민 루트'라고 부른답니다.

폭격을 맞아 불타고 있는 베트콩의 캠프

전쟁의 결과

10년간 계속된 전쟁의 승리자는 베트남이었습니다. 1968년에 베트남 민족 해방 전선과 북베트남군은 명절인 '떼뜨(설날)'에 대공세를 펼쳤지요. 이어 1975년 4월 30일에 남베트남의 수도 사이공(오늘날의 호찌민시)을 점령했어요. 이로써 30년에 걸쳐 치러진 베트남 전쟁은 막을 내렸고, 1976년 남과 북이 통일된 국가인 '베트남 사회주의 공화국'이 탄생했습니다.

베트남 전쟁 당시 고엽제를 뿌리고 있는 미군의 헬리콥터

아직도 아물지 않은 상처, 고엽제

고엽제는 식물의 잎을 강제로 떨어뜨리게 하는 약제입니다. 미국은 1964년 7월부터 1970년 10월까지, 무려 7년간 베트남 국토의 18퍼센트에 달하는 지역에 약 4,500만 리터의 고엽제를 쏟아부었어요. 이 고엽제에는 치명적인 독인 다이옥신이 들어 있어요. 다이옥신은 독성이 무척 강해서 아주 적은 양으로도 생태계를 파괴할 수 있지요. 고엽제로 하천이 오염되면 물고기가 죽고, 그 물고기를 먹은 동물과 인간도 피해를 입어요. 더 무서운 점은 아무런 증상이 없다가 5년에서 10년쯤 지난 뒤에 암, 피부병, 기형아 출산 등의 각종 질병이 나타난다는 거예요. 베트남 전쟁 당시 뿌려진 고엽제 때문에 지금까지도 후유증에 시달리는 사람들이 많이 있답니다.

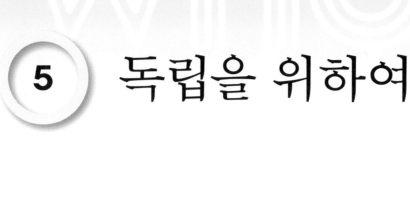

5 독립을 위하여

호찌민은 자신과 같은 생각을 가진 사람들이 활동하는 프랑스 사회주의당에 들어갔습니다. 그리고 1920년 12월 27일, 파리 남서부의 투르에서 열린 사회주의자들의 모임에 참가합니다.

저 젊은이는 누구지? 이곳에서 유일한 아시아인이지만 전혀 주눅 들지 않는군.

여러분, 조용히 해 주십시오.

대단하군. 말 한마디로 쟁쟁한 유럽인을 제압했어.

저는 *인도차이나에서 온 응우옌아이꾸옥입니다. 동지 여러분, 저는 오늘 조국 베트남에서 일어난 끔찍한 일들에 항의하기 위해 이 자리에 섰습니다.

*인도차이나: 옛날에 프랑스가 차지했던 인도차이나 반도의 동부 지방.

멋진 연설이었소.

당신을 지지하겠소.
우리 역시 사회주의 이념에
따라 약한 사람들을
지배하려는 프랑스에
경고를 보냅시다.

다음 날에도 호찌민의 연설은
이어졌습니다. 호찌민의 모습은
파리의 주요 신문에 실려
널리 알려졌습니다.

이 녀석은
꾸옥이잖아?

응우옌아이꾸옥,
당장 나와!
널 체포한다!

아시아에서 온 이 젊은이를 주목하라!

프랑스에 온 지 3년밖에
되지 않았고, 정치적으로
풋내기인 그가 유럽의
쟁쟁한 지도자들 앞에서
연설했다.
그것도 식민지 삶을 사는
조국의 해방을 당당히
주장하였다.

여긴 사회주의당원이 아니면
들어올 수 없소! 경찰이
정치 활동을 방해하는 것은
불법이라고 알고 있는데?

프랑스는 법과 자유를 무엇보다
중요하게 여기는 민주 국가가 아닌가?
비록 식민지는 악랄하게 착취하지만
말이야.

호찌민은 소련의 모스크바로 갔습니다.
그곳에서 그는 군대를 기르는 법,
잡지와 신문을 만드는 법,
사람을 모으고 교육시키는 법 등
혁명에 필요한 수업을 들었습니다.

프랑스와 맞서 싸우려면
튼튼한 군대를 갖추는 게
중요해. 군대를
훈련하는 법을
잘 배워 둬야겠어.

신꿍, 군대를 길러야
나라가 강해진단다.
그러니 잘 봐 둬.

여기서 배운 것들을
어서 베트남 사람들에게
알려야 하는데……

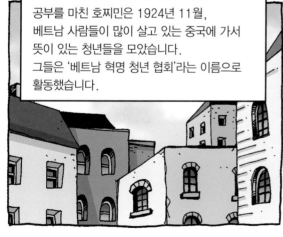

공부를 마친 호찌민은 1924년 11월,
베트남 사람들이 많이 살고 있는 중국에 가서
뜻이 있는 청년들을 모았습니다.
그들은 '베트남 혁명 청년 협회'라는 이름으로
활동했습니다.

여러분, 나라를
잃는 것은 모든
불행 중 가장 큰
불행입니다.

호찌민은 1928년 9월,
타이 우돈타니로 갔습니다.
길고 험한 정글과 산이 넓게 펼쳐진
그곳에 오래전부터 프랑스 식민 지배를
반대하는 베트남 사람들이 모여 살고
있었기 때문입니다. 호찌민은 자신을
따르는 사람들과 함께 정글의 좁고 험한
길을 보름 이상 걸었습니다.

어릴 적에
부모님과 함께 했던
여행길이 생각나는군.
그땐 정글이 무섭기만
했는데…….

선생님, 힘드시죠?
저희에게 짐을
나눠 주세요.

난 괜찮아요,
힘들기는 모두가
마찬가지인 걸요.

꾸옥에게 영향을 받은 베트남 사람들이 독립운동에 뛰어들고 있다고 합니다. 꾸옥만 잡으면 모든 일이 해결될 것 같은데…….

미꾸라지 같은 녀석! 도대체 어디 숨은 거야?

호찌민의 이야기는 곧 베트남까지 전해졌고, 숨죽여 살던 베트남 국민들은 힘을 합쳐 독립운동을 벌이기 시작했습니다. 이에 불안감을 느낀 프랑스는 호찌민을 잡기 위해 온 힘을 기울였습니다.

그런 놈은 없애 버려야 해요. 우리 프랑스에 반항하면 어떻게 되는지 똑똑히 보여 줍시다.

찬성이오, 당장 시행합시다.

응우옌아이꾸옥을 *반역죄로 사형에 처한다.

아저씨, 저와 함께 빨리 홍콩으로 가 주셔야겠어요.

프랑스는 호찌민이 없는 상태에서 재판을 열고 제멋대로 사형 판결을 내렸습니다. 하지만 호찌민은 그런 것에 신경 쓰지 않았습니다. 오히려 베트남 국민들이 독립운동을 벌이고 있다는 사실에 기뻐했습니다.

무슨 일인가?

*반역죄: 통치자에게서 나라를 다스리는 권한을 빼앗으려고 한 죄

베트남과 중국의
청년들이 갈라져서
싸우고 있습니다.
벌써 다친 사람도
생겨났어요.

아저씨, 지금 홍콩에
가는 건 위험해요. 프랑스가
사형을 내렸다잖아요.

아, 그렇군요.
제 생각이 짧았어요.
다른 분께 도움을……

아니오. 당장 갑시다.
내 목숨보다는 조국의
독립이 중요하지.

젊은 청년들의 싸움을
해결할 수 있는 사람은
호찌민뿐이었습니다.

모두 흩어져 버렸군.
듣던 것보다 훨씬 심각한 상태야.
일단 각 단체의 대표들을
한자리에 모으게.

네.

이제부터 베트남을 셋으로 나누어 부르겠소. 베트남이라는 명칭을 그대로 쓰면 사람들에게 독립심을 불러일으킬 테니까!

호찌민은 국민들에게 빼앗긴 이름을 되찾아 주기로 했습니다.

좋아요, 베트남!

아저씨, 감사합니다! 덕분에 우리 이름을 되찾았어요.

1930년 2월, 호찌민은 분열되었던 청년 단체들을 통합해 '베트남 공산당'을 창당했습니다. 흩어진 세력을 모아 본격적으로 독립운동을 하기 위해서였습니다. 그들은 호찌민의 지도 아래 나라를 세우기 위한 준비를 해 나갔습니다.

호찌민의 발자취

하나 호찌민시

현재는 베트남에서 가장 중요한 경제 중심지로 성장한 호찌민시

베트남 사람들이 호찌민을 존경하고 사랑하는 정도는 상상을 뛰어넘습니다. 그것은 베트남에서 가장 큰 도시의 이름이 '호찌민'이라는 것만 봐도 알 수 있지요. 호찌민시는 메콩강 하구 삼각주 지역에 위치해 있어요. 이곳은 16세기에 베트남인들이 들어와 살기 전에는 '프레이 노코르'란 이름의 캄보디아 항구 마을이었습니다. 17세기에 베트남 이주민의 수가 늘어나고, 캄보디아의 통치력이 약해지면서 프레이 노코르는 '사이공'으로 이름이 바뀌었어요. 이후 프랑스의 식민지가 되면서 사이공은 도시로 발전하기 시작하지요. 그리고 1954년에 베트남이 남북으로 갈라지면서 사이공은 남베트남의 수도가 됩니다. 사이공이 호찌민시로 이름을 바꾼 것은 베트남이 통일된 다음 해인 1976년이에요.

who? 지식사전

호찌민에 대한 책들

《호찌민 평전》 윌리엄 J. 듀이커 지음 / 정영목 옮김 / 푸른숲 / 2003. 4. 1
철저한 조사를 통해 사실에 바탕을 두고 객관적으로 쓴 평전이에요. 지은이 윌리엄 J. 듀이커는 베트남의 현대사와 호찌민의 생애를 깊이 있게 연구해 온 역사학자입니다. 그는 1960년대 중반에 해외 파견 장교로 사이공 미국 대사관에서 근무하다 호찌민이란 인물에 마음이 끌렸다고 해요. 그 후 거의 30년 동안 베트남, 중국, 러시아, 미국에 있는 문서 보관소를 뒤지고 수많은 관련자들을 인터뷰한 끝에 이 책을 완성했어요.
《호찌민 – 혁명과 애국의 길에서》 다니엘 에므리 지음 / 성기완 옮김 / 시공사 / 1998. 1. 15
베트남의 독립과 통일을 위해 헌신한 호찌민의 생애와 사상을 조명한 책이에요. 원색의 삽화와 사진을 곁들여 호찌민의 삶을 생생하게 전달하고 있어요. 이 책에는 호찌민의 투쟁과 베트남의 불우한 역사가 잘 나타나 있답니다.

지금 호찌민시는 베트남의 정치·경제의 중심지 역할을
하고 있으며 '동양의 파리'라고도 불린답니다.

호찌민시의 시청. 아이를 안고 있는 호찌민 동상입니다.

둘 ‹ 호찌민 박물관

호찌민 박물관은 호찌민시와 수도 하노이에 하나씩
있습니다.
먼저 호찌민시에 있는 호찌민 박물관은 사이공강이
내려다보이는 곳에 있어요. 21세 때 넓은 세상을 배우기
위해 프랑스에 간 호찌민을 기념하기 위해 그 당시 항구
근처에 박물관을 만든 것입니다.
또 하노이에 있는 호찌민 박물관은 그의 탄생
100주년을 기념하여 1990년 5월 19일에 문을 열었어요.
하얀 외관뿐만 아니라 박물관 내부는 마치 하나의
예술품처럼 아름답습니다.

하노이의 호찌민 박물관. 호찌민의 흔적을 찾기 위해 모인
베트남 사람들로 언제나 북적인답니다.

셋 ‹ 베트남 전쟁 박물관

호찌민시의 중심부에 있는 이 박물관은 베트남 전쟁이
끔찍한 범죄라는 사실을 고발하고, 전쟁에 대한 경각심을
일깨워 줄 목적으로 설립되었습니다. 그래서 '전쟁 범죄
박물관'이라고도 불러요.
베트남 전쟁 박물관의 주요 전시물은 미군이 베트남에
저지른 잔혹한 행위를 고발하는 성격의 물품들이에요.
전시물 중에는 미군이 전쟁 중 쏟아부은 폭탄, 화학
무기, 베트남 중부 지방에서 하루 만에 민간인 504명을
살해했다는 기록이 있어요. 박물관 앞뜰에는 헬리콥터,
전투기, 대포 등 각종 무기들을 비롯해 고엽제 피해를
알리는 사진과 스크랩 등이 있습니다.

베트남 전쟁 때 미군이 사용했던 헬리콥터

넷 ☞ 호찌민 영묘

하노이에 있는 호찌민 영묘(죽은 사람의 영혼을 모신 곳)는 하노이의 상징으로 바딘 광장에 자리하고 있습니다. 호찌민은 살아 있을 때 자신이 죽으면 장례를 화려하게 치르지 말고 시신을 화장하라고 부탁했어요. 하지만 베트남 국민들은 호찌민의 시신을 보존하고 싶어해 시신을 썩지 않게 하여 생전의 모습 그대로 보관하고 있답니다.

1973년부터 2년에 걸쳐 지은 호찌민 영묘는 1975년에 일반 사람들에게 공개되었어요. 공개되자마자 이곳은 하노이에서 가장 인기 있는 장소가 되었습니다. 여전히 자상한 '호 아저씨'를 찾아오는 발걸음이 끊이지 않고 있지요. 이곳에 입장할 때는 어떤 소지품도 갖고 들어갈 수 없으며, 사진 촬영도 할 수 없지요. 하지만 영묘 주변을 공원으로 조성해 놓아서 방문객들은 이곳에서 자유롭고 여유로운 시간을 보낼 수 있습니다.

화강암으로 만들어진 호찌민의 영묘

호찌민 영묘에 들어가려면 반바지와 어깨가 드러나는 민소매 옷을 입어서는 안 돼!

who? 지식사전

호찌민의 명언

호찌민은 자신의 부와 명예보다는 민족의 행복을 먼저 생각한 지도자로 유명해요. 그가 남긴 말에서도 베트남 민족을 사랑하는 마음을 찾아볼 수 있답니다.

• "나를 이끈 것은 공산주의가 아니라 애국심이었다."
• "내 안의 변하지 않는 한 가지로 만 가지의 변화에 대처할 것이다."
• "민중을 이해시킬 수 없다면 그것은 더 이상 혁명이 아니다."
• "내가 죽은 후에 웅장한 장례식으로 인민의 돈과 시간을 낭비하지 마라. 내 시신은 화장시키고, 재는 셋으로 나누어 도자기 상자에 담아 하나는 북부에, 하나는 중부에, 하나는 남부에 뿌려다오. 무덤에는 비석도 동상도 세우지 마라. 다만 단순하고 넓으며 통풍이 잘 되는 튼튼한 집을 세워 방문객들이 쉬어 가게 하면 좋겠다. 방문객마다 추모의 뜻으로 한두 그루씩 나무를 심게 하라. 세월이 지나면 나무들은 숲을 이룰 것이다."

다섯 구찌 터널

호찌민시에서 가까운 곳에 있는 구찌 지역에는
'구찌 터널'이 있습니다. 구찌 터널은 프랑스 식민지
시대에 프랑스에 맞서기 위해 처음 만들어졌어요.
구불구불하고 좁은 통로로 이어진 이곳의 길이는
250킬로미터에 달하고, 터널의 통로는 세로
약 80센티미터, 가로 약 50센티미터로 굉장히
좁아 체구가 작은 베트남 병사들만 다닐 수 있었다고
해요.
미군들은 터널 위에 군사 기지를 세우고도 터널의 존재를
알아차리지 못할 정도로 쉽게 발견되지
않았답니다.

열악했던 게릴라 전의 상황을 보여 주는 구찌 터널

여섯 통일궁

호찌민시에 있는 통일궁은 원래 1868년 프랑스
식민지 정부가 인도차이나를 다스리기 위해 지은
건물입니다. 지금은 남베트남의 흔적을 전시한
박물관으로 사용되고 있지요. 이곳은 1954년 7월에
베트남이 남북으로 갈라지면서 남베트남 초대
대통령 응오딘지엠의 대통령궁으로,
그 시절엔 프랑스 식민 지배에서 벗어난 것을 기념해
'독립궁'이라고 불렀어요. 그 후 베트남이 통일되면서
지금의 '통일궁'이란 이름을 얻었지요.
6층으로 이루어진 통일궁 전시실에는 남베트남
대통령이 집무를 볼 당시의 모습이 그대로 재현되어
있답니다.

베트남 호찌민시의 중심부에 있는 통일궁 ⓒ Lerdsuwa

통일궁 앞 잔디 광장 ⓒ ntt

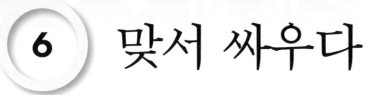

6 맞서 싸우다

호찌민이 이끄는 베트남 공산당이 본격적인 활동을 시작하자 민중들도 프랑스에 적극적으로 대항했습니다. 1930년 9월 12일, 6천여 명의 농민이 일으킨 반란은 그중 가장 큰 규모의 저항이었습니다.

우리 땅을 돌려 달라! 베트남 농민 만세! 제국주의 프랑스는 물러가라!

어? 그런데 저건 뭐지? 이상한 새들이 날고 있잖아?

폭탄이다! 모두 피해라!

사정 봐줄 필요 없다! 남김없이 쓸어 버려!

탕! 탕탕!

그러나 베트남 사람들의 저항은 계속되었습니다. 남부의 고무 농장에서도 북부의 직물 공장에서도, 중부의 성냥 공장에서도 파업과 폭동이 일어났습니다.

여러 번의 항쟁을 겪으면서 많은 베트남 국민이 죽거나 다쳤습니다. 그러자 공산당 안에서는 민중을 이끈 호찌민에게 책임을 물어야 한다는 사람들이 생겨났습니다.

베트남 전국에서 많은 농민, 노동자와 우리 공산당원이 죽었습니다. 원인은 바로 꾸옥 동지입니다.

꾸옥 동지는 확실한 계획도 없이 베트남 독립을 위한다며 농민들을 전투 현장으로 몰아넣었어요! 프랑스와 맞서 싸우기 전에 베트남 공산당을 개혁해야 합니다.

맞습니다. 이제 우리는 프랑스 식민 지배 아래 있는 모든 나라를 위해 싸울 필요가 있어요. 당의 이름도 *인도차이나 공산당으로 바꿉시다.

*인도차이나 공산당: 베트남 북쪽에 있는 라오스, 남쪽에 있는 캄보디아를 포함한 인도차이나 반도를 대표한다는 의미의 새 이름

모두 꼼짝 마라!

쩐푸가 주최한 비밀회의는 프랑스 경찰에게 발각되고 말았습니다. 주요 지도자들은 모두 체포되어 처형당했고, 인도차이나 공산당은 무너지고 말았습니다.

큰일입니다! 잡혀간 당원 중 한 명이 고문을 이기지 못하고 지도부의 이름과 주소를 말했다고 합니다.

당 대표 쩐푸 동지는 어떻게 되었지요?

감옥에서 고문을 당하다가 죽었다고 합니다. 선생님께서도 조심하셔야 해요.

응우옌아이꾸옥! 여기 있었군! 홍콩에 숨어 있으면 안전할 줄 알았나?

사람을 잘못 보았소.
난 중국인이고 이름은
왕이라고 합니다.

이미 다 알고
왔으니까
시치미 떼지 마!

호찌민도 경찰에게 잡혀
홍콩의 한 감옥에 수감되었습니다.
동굴 같은 지하 감옥에 갇힌 호찌민은
썩은 밥과 썩은 반찬, 그리고 고문과
매질에 시달리며 힘겨운 시간을
보내야 했습니다.

우엑!

하아, 이대로 죽을 수 없어.
내 조국과 베트남 사람들을
위해서라도 버텨야 해.

하하, 이 감옥에서 버티는 게 나 혼자는 아니었구나. 이 작은 벌레도 함께였어.

네가 보기에는 어때? 내가 여기서 나갈 수 있을까? 희망을 가지라고? 그래, 힘을 내야지……

이봐, 아프다며? 의사가 왔으니 나와 봐!

이 사람은 결핵에 걸렸어요. 옮을 수 있으니 따로 치료를 해야 합니다.

동지, 나는 공산당원입니다. 당신을 구하러 왔어요.

이런 행운이!

공산당원인 영국 의사의 도움으로 지옥 같은 감옥에서 빠져나온 호찌민은 무사히 홍콩을 탈출해 중국 상하이에 도착합니다. 하지만 프랑스 경찰의 추적은 끈질기게 계속되었고, 호찌민은 다시 러시아로 떠나야 했습니다.

콜록 콜록! 으윽…….

감옥에서 얻은 병 때문에 몸이 점점 더 약해지고 있어요. 쉬셔야 합니다.

아니, 아직은 쉴 수 없어요.

인도차이나 공산당은 베트남의 독립 문제에 소홀했습니다. 이제 당의 방침을 바꾸어 다시 베트남 독립을 위해 힘쓰겠습니다.

자유의 몸이 된 호찌민은 휴식을 취하라는 의사의 충고를 무시한 채 다시 일을 시작했습니다. 그는 먼저 잘못된 방향으로 흘러가던 공산당을 바로잡고, 베트남 국민들을 모아 교육시켰습니다.

소문대로야. 호찌민 선생님은 우리 민족을 제일 중요하게 여기는 분이셔.

이즈음 제2차 세계 대전이 일어나
독일이 프랑스를 공격하였습니다.
호찌민은 프랑스 내부가 어지러운 틈을 타서
정면으로 맞서기로 하고 베트남으로
돌아갔습니다.

프랑스가 독일에게
점령당했다고 합니다.
우리에게 기회가
생긴 거예요!

맞습니다!

여러분, 저는 30년 가까이
이 순간을 기다려 왔습니다.
멀리 흩어져 있던 우리 베트남 민족이
한데 모였으니, 힘을 합쳐 기필코
독립을 이뤄 냅시다!

1941년 1월 28일,
호찌민은 베트남으로 돌아왔습니다.
고향을 떠난 지 30년 만의 일이었습니다.
호찌민 일행은 깎아지른 듯한 바위와
빽빽한 밀림 사이를 걷고 또 걸어
베트남의 북부 팍보 동굴에 자리를
잡았습니다. 경찰의 눈을 피해 깊은
산속 동굴에서 지내기로 한 것입니다.

동굴 속이라 그런지 너무 추워.
게다가 비가 내리면 냇물이
흘러들어 축축하기까지 하군.

동굴 생활이 많이 힘들지요?
하지만 이 거친 곳이 우리를
자유롭게 해 줄 거예요.

선생님도 묵묵히 견디시는데,
젊은 우리가 너무
인내심이 없었어.

호찌민은 이때부터 자신의 이름을 '뜻을 밝힌다'라는
뜻의 호찌민(胡志明)으로 바꾸었습니다.
여기에는 기필코 조국 독립을 이루고야 말겠다는 의지가
담겨 있었습니다. 호찌민은 틈틈이 동굴 앞 바위를
책상 삼아 〈독립 베트남〉 소식지를 만들었습니다.
호찌민의 글을 본 많은 베트남 농민은
팍보 동굴로 모여들었고, 이들이 모여
베트남 독립 동맹인 '베트민'이 탄생했습니다.

선생님, 벌써 일어나셨어요?

이미 냇물에 목욕을 하고 운동까지 끝냈는걸.

그런데 프랑스가 독일에게 점령당하고 나서 갑자기 독일의 *동맹국인 일본 군대가 베트남에 들어왔습니다. 처음에 베트남 사람들은 일본 군대를 환영했습니다. 일본군의 도움을 받아 프랑스로부터 독립할 수 있을 거라 기대했기 때문입니다. 하지만 일본은 프랑스보다 더 악랄하게 베트남 국민을 착취했습니다.

우리가 프랑스로부터 너희를 지켜 주고 있단 걸 모르나? 어서 쌀을 내놔!

흑흑, 우리 가족도 끼니를 때우지 못해 굶고 있다고요.

앞으로 이 마을 논밭에는 *아주까리를 심도록 한다!

그럴 수 없어요. 벼농사를 지어야 밥을 먹고 살지요.

*동맹국: 서로의 이익을 위해 함께 행동하기로 한 나라들
*아주까리: 씨앗을 공업용 윤활유로 사용할 수 있는 열대 식물

네 입으로 들어가는 건 중요하지 않아! 아주까리로 기름을 짜야 무기를 만들 수 있단 말이다!

이제 적은 둘로 늘었어. 하지만 저들과 맞서 싸우기에는 아직 우리의 힘이 부족해. 어쩌면 좋을까?

호찌민은 프랑스와 일본을 공격하기 위해 미국과 손을 잡았습니다. 당시 미국은 독일과 일본에 맞서 싸우고 있었습니다.

어서 오시오.

여기, 부탁하신 권총 여섯 자루입니다.

일본이 프랑스와 영국에게 졌다고 합니다. 그들이 이 땅을 떠나는 것은 시간문제예요.

반가운 소식이군요. 하지만 프랑스가 이긴 것은 나쁜 소식인데요?

맞습니다. 일본이 물러나면 프랑스가 다시 베트남을 차지하려 하겠죠.

선생님, 프랑스를 어떻게 물리치지요?

방법은 하나! 일본이 물러나고 프랑스가 들어오기 전에 우리가 수도 하노이를 점령하는 것입니다!

1945년 8월 15일, 제2차 세계 대전이 끝났습니다. 호찌민의 말대로 일본이 미국의 공격을 견디지 못해 항복을 선언한 것입니다.

선생님, 이제 하노이에 들어가는 것쯤은 일도 아닙니다. 어서 출동 명령을 내려 주세요.

서두르면 안 됩니다. 남은 일본군의 저항을 물리치고, 베트남 황제의 항복도 받아내야 해요. 그러니 잘 훈련된 병사들에게 임무를 맡기도록 합시다.

그날 밤, 베트남의 수도 하노이는 어둠에 묻혀 있었습니다.

프랑스와 일본이 물러나면 우리에게도 평화가 찾아올까? 빨리 불안한 이 밤이 지났으면 좋겠어.

탕! 탕!

이, 이게 무슨 소리지?

우, 우리 일본은 이미 전쟁에서 진 나라요. 제발 목숨만 살려 주시오.

우리는 어차피 껍데기뿐인 왕조였습니다. 시민의 뜻대로 하세요.

여러분, 우리가 승리했습니다. 어서 광장으로 모이세요!

드디어 하노이구나. 온통 우리를 반기는 붉은 물결이야!

프랑스가 들어오기 전에 하노이를
손에 넣어야 한다는 호찌민의 지시대로,
베트민은 며칠 만에 베트남의 중북부 지방
대부분을 장악하고 수도 하노이에
입성했습니다. 오랫동안 다른 민족의
지배를 받던 땅에 드디어 베트남 민족
스스로 '베트남 민주 공화국'이라는 나라를
세운 것입니다.

베트남 국민은 이 모든 것을 이룬 호찌민을 베트남 민주 공화국의 첫 번째 *주석으로 추대했습니다. 쉰다섯 살의 호찌민은 하노이의 바딘 광장에서 독립 선언서를 낭독하며 주석으로 취임했습니다.

베트남은 이제 어느 나라의 간섭도 받지 않는 독립 국가가 되었습니다. 우리는 이 자리에 오기까지 긴 싸움을 했습니다.

마른 몸과 거친 수염, 소박한 옷을 입은 호찌민의 모습은 마치 이웃집 아저씨처럼 친근했습니다. 수만 명의 하노이 시민은 존경심 가득한 얼굴로 호찌민을 바라보았습니다.

네, 호 아저씨!

동포들이여, 어렵게 얻은 자유를 지키기 위해 목숨과 재산을 바칠 각오가 되어 있습니까?

*주석: 국가나 정당의 최고 직위. 또는 그 직위에 있는 사람

베트남과 대한민국

하나 ⟨ 서로의 가슴에 총을 겨누다

미국은 베트남과 전쟁을 벌이며 25개 나라에 참전을
요구했습니다. 그중 오스트레일리아, 뉴질랜드, 대만, 필리핀,
타이, 영국, 대한민국 일곱 개의 나라가 이를 수락했지요.
대부분의 국가에서는 공병대(건설, 측량, 폭파 따위의 임무를
수행하는 부대) 같은 지원 부대만 보냈지만 우리나라는 직접
전쟁터에서 싸우는 전투 부대를 보냈어요. 1964년에 의무
중대 파견을 시작으로, 1965년에 맹호 부대와 청룡 부대,
1966년에 백마 부대를 파병했습니다. 파병 기간 중 131명의
민간인이 목숨을 잃은 '빈호아사 커우 마을 학살 사건' 같은
충돌이 일어나기도 했어요.
우리나라는 베트남에 군대를 파병하는 조건으로 미국에게서
경제 발전에 필요한 외화를 지원받았어요. 또 미국과
우호적인 관계를 갖게 되었지요. 하지만 그 대가로 1만 명이
넘는 국군이 목숨을 잃거나 다치는 피해를 입게 되었습니다.

베트남 전쟁에 미군을 도와 참전한
오스트레일리아의 병사

who? 지식사전

필름으로 공개된 브라운 각서.
1966년에 미국이 우리나라에 전달한 월남
전 파병 관련 문서입니다.

베트남 전쟁이 남긴 '한국군 증오비'

베트남 곳곳에는 100여 개의 한국군 증오비가 있어요. 베트남 사람들은 전쟁이
끝난 뒤, 한국군이 저지른 일을 고발하고 죽은 사람을 기억하고자 이런 증오비를
만들었다고 해요. 증오비에는 말 그대로 한국군에 대한 증오가 담긴 글이 적혀
있습니다.

"하늘에 닿을 죄악을 만대가 기억하리라. 한국군은 이 작은 땅에 첫발을 내딛자마자
참혹하고 고통스런 일들을 저질렀다. 수천 명의 베트남 민간인을 학살하고 가옥과
무덤과 마을을 모조리 불태웠다." – 증오비의 글 일부

그리고 지금까지 고엽제로 인한 후유증을 앓고 있는
참전 용사도 많답니다.

미국 텍사스의 휴스턴에 있는 베트남 전쟁 기념비

둘 ▶ 적에서 동반자로

우리나라와 베트남의 관계는 13세기 초 고려 시대
고종 때부터 시작되었습니다. 베트남 리 왕조의
마지막 왕자가 배를 타고 지금의 황해도 옹진으로
넘어온 이후 '화산 이씨'의 시조가 되었지요.
베트남은 북한과는 1950년에 수교를 맺었어요. 그리고
대한민국과는 1992년 12월에 수교를 맺어 대사관을
설치했지요. 이후 1998년에 김대중 대통령이 베트남을
방문하여 베트남 전쟁에 대해 사과했고, 2001년에 두
나라는 동반자 관계를 선언했습니다.
2004년 노무현 대통령이 호찌민 영묘에 헌화하고
묵념을 하면서 두 나라는 서로 좋은 감정을 가지게
되었어요. 한국과 베트남은 현재 활발하게 무역 활동도
하고 있답니다.

베트남 중부 지역의 최대 상업 도시이자 국제 무역항인
다낭 ⓒ Saigon punkid

베트남 대한민국 대사관

베트남 하노이에는 대한민국 대사관이 있어요. 1992년 12월 22일에 만들어졌지요.
대사관이란, 다른 나라에 파견되어 외교를 맡아 보는 외교관이 나랏일을 처리할 수
있도록 해당 국가에 설치한 기관을 말해요.
한국은 베트남 전쟁 때 미국 편으로 약 32만 명의 군인을 파병했습니다. 이는 두
나라의 관계가 오랫동안 멀어지는 원인이 되었지요. 그러다가 1992년 12월 외교
관계 수립과 함께 베트남 대한민국 대사관이 설립됐습니다. 한국과 베트남이
교류를 시작한 지는 오래되지 않았지만 정치 · 경제 · 사회 · 문화 등 여러 분야에서
활발하게 도움을 주고받고 있어요.

하노이에 있는 베트남 대한민국 대사관
설립 당시 모습

셋 ▷ 베트남의 국제 관계

사회주의 국가인 베트남은 자본주의 국가들처럼 개혁과
개방을 통해 산업을 일으키고 있습니다. 적대적인 미국과의
관계도 개선했지요. 1994년 미국이 베트남에게 닫았던
문을 열면서 무역은 물론, 두 나라 사이에 새로운
바람이 불기 시작했어요. 다음 해에는 외교 관계도
정상화되었습니다.

베트남은 유엔(국제 연합) 등 국제기구들에 대한 외교도
활발히 하여 1976년에 국제 통화 기금(IMF)과 국제
부흥 개발 은행(IBRD)에 가입했어요. 또 1995년에는
동남아시아 국가 연합(ASEAN)의 회원국이 되었지요.
베트남이 국제 교류를 활발히 하는 것은 그것이
나라의 안정을 가져오고, 나아가 경제 발전에 도움이
되기 때문이에요. 그래서 아시아 태평양 경제
협력체(APEC)와 세계 무역 기구(WTO)에도 가입하는
등 적극적인 활동을 펼치고 있답니다.

세계 무역 안정이 목적인 국제 통화 기금
(IMF: International monetary Fund)

who? 지식사전

자국의 평화와 안정을 수호하는 '아세안'

아세안(ASEAN)은 '동남아시아 국가 연합'의 약칭이에요. 이 기구는 동남아시아의 경제적 · 사회적 기반을 확립한다는
목적으로 1967년에 설립되었으며, 본부는 인도네시아 자카르타에 있어요. 설립 당시 가입국은 태국, 필리핀, 말레이시아,
싱가포르, 인도네시아 등 5개국이었으나, 지금은 10개국으로 늘어났어요. 베트남은 1995년에 가입했습니다. 브루나이,
라오스, 미얀마, 캄보디아가 나머지 회원국이에요.

아세안은 초기에 가입국끼리 경제, 문화 등의 문제에 협력하는 데 힘썼어요. 그러다가 1970년대에 접어들면서 정치 문제에
대해서도 협력하기 시작했고, 지역 발전과 안전 보장에도 힘을 기울였지요. 그 까닭은 1975년에 베트남이 공산화되고, 이어
제3차 인도차이나 전쟁이 벌어지는 등 국제 환경이 위태로워졌기 때문이에요.

아세안 회원국들은 현재 자기 나라의 발전을 위해 선의의 경쟁을 벌이기도 하고, 도움을 주고받기도 하면서 발전해 나가고
있습니다.

넷 예술 작품으로 승화된 베트남 전쟁

우리나라에는 베트남 전쟁을 소재로 한 소설, 영화, 음악
등의 예술 작품이 많습니다. 조국의 분단, 식민 지배 등
베트남과 한국은 역사적으로 비슷한 점이 많기 때문이에요.
먼저 소설로는 황석영의 《무기의 그늘》, 안정효의 《하얀
전쟁》, 박영한의 《머나먼 쏭바강》 등이 많은 독자들의
사랑을 받았어요.

영화와 드라마로는 이성구 감독의 〈월남에서 돌아온 김
상사〉(1971년), 안정효의 소설을 영화로 만든 정지영
감독의 〈하얀 전쟁〉(1992년), 박영한의 소설을 원작으로
한 SBS TV 특집 드라마 〈머나먼 쏭바강〉(1994년), 이준익
감독의 〈님은 먼 곳에〉(2008년) 등이 있어요.

베트남 전쟁을 소재로 한 노래로는 김추자의 〈월남에서
돌아온 김 상사〉, 신애의 〈님은 먼 곳에〉 등이 있습니다.

《무기의 그늘》의 작가, 황석영. 청룡 부대 병사로 베트남 전쟁에 참전했던 작가는 그때의 경험을 바탕으로 소설을 썼습니다.

다섯 뮤지컬, 《미스 사이공》

《미스 사이공》은 베트남 전쟁 속에서 꽃핀 미군 병사와
베트남 여인의 사랑을 그린 영국의 뮤지컬입니다.
영국 런던의 드루어리레인 극장에서 1989년 9월에 처음
공연된 이후 지금까지 미국 · 헝가리 · 일본 · 독일 등 전
세계에서 공연되며 큰 인기를 얻고 있어요.

이 뮤지컬은 실제 헬기가 이륙하는 사이공 탈출
장면, 베트남 전쟁을 상징하는 소총 부대의 전투 등이
등장하는 큰 규모의 공연으로 유명해요. 또 쉴 새 없이
이어지는 화려한 춤과 노래가 관객들의 눈과 귀를
사로잡지요. 개막 당시 전쟁을 미화했다는 항의를 받기도
했지만 인기는 점점 많아졌고, 현재는 미국 브로드웨이를
대표하는 뮤지컬로 자리매김했어요.

《미스 사이공》이 공연되었던 호주 멜버른의
허 머제스티스 극장 ⓒ Randy Escalada

143

7 세계를 놀라게 한 나라

> 아니, 이게 누구야!
> 내 동생 땃탕 아니야?

> 소식이 끊긴 지
> 30년이 넘었는데,
> 신문에서 얼굴을
> 보게 되다니!

신문에서 베트남 민주 공화국의
초대 주석이 된 동생의 모습을 본
누나 타인은 하노이까지 호찌민을
만나러 갔습니다.

> 누나, 그동안
> 어떻게 지내셨어요?
> 형은요?

> 땃탕,
> 네가 맞구나.

누나 타인은 이날 호찌민을
만나고 난 뒤로 한 번도
자신의 동생을 자랑하거나
덕을 보려 하지 않았습니다.
그녀는 고향으로 돌아가
조용히 지냈습니다.

> 땃탕은 더 이상
> 내 동생이
> 아니야.
> 베트남의
> 아버지라고.

형 키엠도 마찬가지였습니다. 병에 걸렸을 때에도 동생에게 부담을 준다며 연락하지 말라고 말릴 정도였습니다.
그런 형이 세상을 떠났을 때 호찌민은 자신의 마음이 담긴 편지를 보냈습니다.

형님이 돌아가셨다는 소식에 슬픔을 금할 수가 없습니다. 하지만 나랏일로 매우 바쁜 데다가 거리가 멀어 장례식에 참석하지 못합니다. 피를 나눈 형제조차 돌보지 못하는 이 죄를 어찌 용서받을 수 있을까요?

나의 행복 따위는 생각하지 말자. 이 어깨에 베트남의 미래가 달려 있어.

주석이 되고 난 뒤에도 호찌민의 삶은 결코 편하지 않았습니다. 수도 하노이가 있는 베트남의 북부 지방에는 베트남 민주 공화국이 들어섰지만, 남부 지방에는 어느새 프랑스군이 다시 들어와 있었습니다.

정말 걱정이에요. 남부에 있는 프랑스군을 어서 물리쳐야 하는데.

프랑스 놈들, 다시 우리 베트남을 넘보고 있는 게 틀림없어요! 이렇게 나라를 둘로 나누었다가 결국에는 통째로 삼키려는 속셈이겠지요!

나도 같은 생각입니다. 프랑스는 베트남의 남부 지방을 차지한 것만으로는 결코 만족하지 않을 거예요. 아무래도 또다시 큰 전쟁을 치러야 할 것 같습니다.

호찌민의 생각은 현실이 되었습니다. 베트남 민주 공화국이 세워진 지 1년이 지난 1946년 11월, 프랑스군이 베트남 민주 공화국에 쳐들어왔습니다.

쾅!

프랑스가 전쟁을 원한다면 우리도 피할 이유가 없지요.

하지만 우린 프랑스의 상대가 되지 않습니다. 일단 하노이 근처의 깊숙한 산으로 피신하는 것이 좋겠습니다.

우리는 산으로 도망쳤다가 밤이면 나타나서 당신들을 괴롭힐 것이다. 우리가 프랑스군 한 사람을 죽이는 동안 당신들은 베트남군 열 명을 죽일 것이다. 하지만 우리 땅을 먼저 떠나는 것은 반드시 프랑스군이 될 것이다.

호찌민과 베트민 지도자들은 하노이를 떠나 산속으로 피신했습니다. 하노이를 떠나기 전, 호찌민은 프랑스를 향해 경고를 남겼습니다.

큰일 났습니다. 프랑스군이 하노이 시내로 들어와 기지를 부쉈어요!

더 이상 두고 볼 수 없어요. 우리도 공격합시다! 자유는 싸워야 얻을 수 있는 것이오.

총이 있는 자는 총을 들어라!
칼이 있는 자는 칼을 들어라!
총도 칼도 없으면 곡괭이와
막대기라도 들어라!
조국을 위해 모두 일어서자!

처음에는 우수한 무기를 앞세운
프랑스군이 이기는 것처럼 보였습니다.
하지만 밀림을 이용한 베트민군의
*게릴라 전술을 끝까지 당해 낼 수는
없었습니다.

폭탄 투하!

이, 이럴 수가!
우리가 만든 길이
흔적도 없이
사라졌어요!

절망하면 안 됩니다.
그동안 베트남의 독립을 위해
목숨을 바친 수많은 사람을
생각해 보세요. 길은 다시 만들면
됩니다. 정글 속에 길을 뚫고
무기를 나르도록 합시다.

*게릴라 전술: 적이 예상치 못한 곳을 공격하여 상대를 무너뜨리는 전술

좋은 생각이다!
게다가 우리 베트남에서
호찌민 주석님을 존경하지
않는 사람은 없잖아.

베트민군은 어두운 밤이면
'호찌민 루트'를 통해 탄약과
식량을 지고 날랐습니다.
호찌민 루트는 북베트남에서
무기와 물자를 나르기 위해
정글 속에 만든 길로,
무려 480킬로미터에
이르렀습니다.

프랑스 놈들, 자기네들이 정말로
이긴 줄 알고 모두 곯아떨어졌겠지?
우리가 이렇게 자기네들을
포위하고 있는 건 꿈에도
모른 채 말이야.

1954년, 베트민과 프랑스군 사이에
치열한 전투가 벌어졌습니다.
베트민은 높은 산 위에 올라 프랑스 군대를
에워싼 뒤, 점점 안으로 좁혀 들어왔습니다.
빠져나갈 곳을 찾지 못한 프랑스군은
우왕좌왕하다가 결국 무너지고 말았습니다

이, 이런! 주변이 모두
베트민 놈들이야!

마침내 프랑스군은 항복을 선언했습니다. 제1차 인도차이나 전쟁은 베트남의 승리로 끝났습니다. 하지만 전쟁이 끝나고 인도차이나 문제를 논의하기 위해 열린 '제네바 회담'에서 미국, 영국, 중국 등 힘센 나라들이 베트남을 남북으로 나눴습니다.

북쪽은 우리 베트남 민주 공화국이, 남쪽은 전 황제 바오다이가 이끄는 임시 정부가 지배한다고 합니다.

말도 안 돼요! 전쟁에서 이기고도 이런 수모를 당하다니요. 주석님, 다시 싸워야 합니다!

그럴 수는 없소. 지난 8년 동안 긴 전쟁을 치르며 베트남 국민이 겪었던 고통을 생각해 봐요.

그, 그렇지만······.

물론 우리가 그동안 계속 이겨 왔으니 이번에도 이길 수 있을 것이라 생각할 수도 있겠지요. 하지만 새로운 상대는 미국입니다.

베트남을 둘로 나누는 데에 큰 역할을 했던 나라는 바로 미국이었습니다. 당시 미국은 전쟁에 필요한 무기를 만들어 팔아 빠른 속도로 성장하고 있었습니다.

한때 베트민과 손을 잡았던 미국은 자신들에게도 힘이 생기자 베트남에 압력을 가하기 시작했습니다. 미국은 *자본주의를 대표하는 국가로서, 자신들과 반대 성격을 가진 사회주의 국가들을 경계했습니다.

한때 동맹국이었던 미국이 이젠 우리의 가장 큰 적이 되다니!

미국은 떠오르는 강대국 입니다. 저무는 해였던 프랑스와는 달라요. 섣불리 행동하다간 우리 베트남이 크게 당할 수도 있습니다.

제네바 협정에 따라 2년 후 통일에 대한 국민의 의견을 묻는 선거가 있을 테니 일단 기다려 봅시다.

네, 주석님.

한편, 제네바 협정에서 결정된 대로 프랑스군은 베트남을 떠났습니다.

호찌민은 별다른 환영식도 없이 조용히 하노이에 들어왔습니다. 분단된 조국에서 맞이하는 반쪽짜리 승리를 축하할 수는 없었기 때문입니다.

주석님, 머무실 곳을 마련해 두었습니다. 프랑스 총독이 살던 총독궁을 개조한 곳이에요.

아닙니다. 베트남 국민들의
고통은 아직도 끝나지 않았는데
나 혼자 호화로운 곳에서
지낼 수 없어요.

호찌민은 화려한 주석궁을 마다하고
주석궁 안에 있는 정원사의 허름한 오두막에서
생활했습니다. 그리고 베트남 국민을 위해
굶주림과 *문맹, 외세를 물리치는 3대 정책을
추진했습니다.

지금 북베트남에는
전쟁과 홍수, 가뭄으로 인해
농사지을 곳이 없습니다.
모두 한마음으로 땅을
일궈야 해요.

자, 모두 각자 맡은 지역으로
가서 농사일을 도웁시다.
동시에 농촌 곳곳에 학교를 세워
농민과 노동자를 가르치는
일도 시작해야 합니다.

여러분, 배우고 깨우치는 것만이
우리가 살 길입니다. 먼저 알고 있는
사람은 모르는 사람을 가르치십시오.
부인은 남편에게서, 동생은 형에게서,
자식은 부모에게서 배움을
얻으십시오.

*자본주의: 재산을 가진 사람들이 자유롭게 이윤을 추구하는 활동을 할 수 있도록 보장하는 사회
*문맹: 배우지 못하여 글을 읽거나 쓸 줄 모름

호 아저씨 덕분에 여자들도 공부할 수 있는 기회가 생겼어.

주석님, 저도 글을 배울 수 있을까요?

그럼요. 대신 햇볕이 따가우니 학교에 다닐 때는 이 모자를 꼭 쓰고 다니세요.

나도 호 아저씨 같은 사람이 되고 싶어. 신분과 나이를 따지지 않고 사랑을 베푸는…….

아저씨, 책 읽어 주세요!

오냐, 이리 와서 앉거라. 오늘은 어떤 이야기를 들려줄까?

이때 남베트남에서는 미국의 지원을 등에 업은 응오딘지엠이 독재 정치를 하고 있었습니다. 그는 공산주의를 반대하는 사람으로, 북베트남의 호찌민을 싸워서 이겨야 할 상대로 여기고 있었습니다.

결국 이런 일이 일어나고 말았군!

남베트남 응오딘지엠 대통령의 독재와 부패에 항의하던 한 스님이 스스로 몸을 태워 자살하다!

주석님, 남베트남에서는 국민의 90퍼센트가 믿는 불교를 탄압하고 있답니다.

게다가 대통령의 친척이 모두 관직에 앉아 부정부패를 일삼는다더군요.

큰일이군요. 이러다가 응오딘지엠이 미국을 끌어 들이기라도 한다면 우리 민족의 통일은 영영 이루어지지 않을 거예요.

미국이 베트남에 들어온다고요?

네, 미국은 힘을 과시하기 위해서라면 무슨 짓이든 할 것입니다. 그러니 우리도 군대를 키워야 해요.

호찌민은 1960년 12월, 베트남 통일을 준비하기 위한 무장 단체인 '남베트남 민족 해방 전선(베트콩)'을 만들어 남부 베트남의 여러 지역을 장악하였습니다. 그러자 예상대로 미국은 북부 베트남의 항구인 통킹만으로 쳐들어왔습니다.

쿵!

통킹만 사건으로 시작된 베트남 전쟁은 '현대사 최고의 참혹한 전쟁'이라 불릴 만큼 비참하고 끔찍했습니다. 미국은 북베트남 전역에 폭탄을 퍼붓기 시작했고, 베트남 방방곡곡은 불바다로 변했습니다.

미군은 베트남 민간인의 집, 학교, 병원, 상점 등을 닥치는 대로 폭격하고 있다. 미군이 베트남에 퍼부은 폭탄은 제2차 세계 대전 당시 연합국이 전 세계에 사용했던 것보다 1.5배나 많은 양이다.

베트남이 미국의 공격에 언제까지 버틸 수 있을까요?

20년, 아니 100년이 될지도 모릅니다. 하지만 이것만은 확신합니다. 우리는 끝내 이길 것입니다!

북베트남 군대와 남베트남 민족 해방 전선은 프랑스와 싸울 때 밀림 속에 만들었던 '호찌민 루트'를 발전시켰습니다. 10,000킬로미터에 달하는 이 땅굴은 밀림 속에 있어 본격적인 게릴라 전술을 펼치는 데 매우 유용하게 쓰였습니다.

너희가 땅 위로 폭격을 한다면 우린 땅속으로 다니겠다.

어라? 베트콩들이 분명 이쪽으로 갔는데 어디로 사라졌지?

엄마, 미군이야! 어서 공격하고 숨어 버리자!

으윽, 베트콩들은 여자와 아이들까지 똘똘 뭉쳤어!

베트남 국민은 어른과 아이, 여자와 남자 할 것 없이 모두 한마음이 되어 싸웠습니다. 전쟁이 자신들에게 불리하게 진행되자 초조해진 미국은 베트남군의 계획을 망치기 위해 밀림을 아예 없애 버리기로 했습니다.

약을 쳐서 식물을 말려 죽이자! 그럼 더 이상 숨지 못하겠지.

미군은 베트남 국토의 18퍼센트정도에
식물을 말려 죽이는 약품을 뿌렸습니다.
울창하던 밀림은 곧 사라졌고,
그 후로도 미국은 죄 없는 민간인을
한꺼번에 총으로 쏴 죽이는 등
야만적인 행동을 멈추지 않았습니다.

꼿꼿이
잘 견뎌 주었구나.
이제 우리 땅에도
곧 평화가 찾아올
거야.

그러나 베트남은 굴복하지 않았습니다.
오히려 더욱 똘똘 뭉쳐 저항했습니다.
전쟁이 생각처럼 진행되지 않자,
미군은 호찌민에게 협상을 제안하였습니다.
그리고 차츰 베트남에서 철수하기로
약속했습니다.

드디어 전쟁이
끝나가는군요. 주석님도
이제야 마음이 평온해
지신 것 같아요.

호찌민의 장례식에는 수만 명의 베트남 국민이 모여들었습니다. 광장에는 늦여름의 햇살이 견디기 어려울 만큼 뜨겁게 내리쬐고 있었지만, 누구 하나 자리를 뜨지 않았습니다.

호 아저씨……

민족의 지도자 호찌민이 세상을 떠난 후에도 베트남은 전혀 흔들리지 않았습니다. 국민 한 사람 한 사람의 마음속에 존경하는 호 아저씨가 그대로 살아 숨 쉬고 있었기 때문입니다.

요즘 미국의 정치가 매우 어지럽다고 합니다. 이 틈에 우리 땅에서 미군을 몰아내야 해요.

좋은 생각입니다. 우리 민족의 통일을 위한 마지막 전략을 '호찌민 대작전'이라고 부릅시다.

그래요. 호찌민 대작전은 베트남의 통일을 이끌 것입니다. 이렇게라도 주석님이 간절히 바라셨던 소원을 이뤄 드려야지요.

1975년 3월, 미국을 향한 베트남의 마지막 공격, 호찌민 대작전이 감행되었습니다.

1975년 4월 30일,
미국이 완전히 물러간 것을 확인한
북베트남 군인들은 남베트남 국기를
내리고 베트남 민주 공화국의 국기를
올렸습니다.
10년 동안이나 계속된 전쟁은 호찌민이
이끈 북베트남의 승리로 끝났습니다.
베트남 전쟁은 세계에서 가장 힘센 미국이
처음으로 진 전쟁이었습니다.

호찌민 주석님, 보고 계신가요?
당신이 평생을 바쳐 그토록 꿈꿨던
베트남의 독립과 통일의 이 순간을,
이 가슴 벅찬 광경을요!

내가 죽은 후에 웅장한 장례식으로
돈과 시간을 낭비하지 말라.
내 시신은 화장시키고,
재는 세 부분으로 나누어
하나는 북부에, 하나는 중부에,
하나는 남부에 뿌려 다오.
무덤에는 비석도, 동상도 세우지 마라.
다만, 나를 만나러 온 사람들이
쉬어 갈 수 있게 작은 집을 하나
지어 두면 좋겠다.

호찌민은 장례식을 치르기 위해 세금을
낭비하는 것을 원하지 않았으나
그를 사랑하고 존경했던 사람들의 마음은
그렇지 않았습니다.
결국 호찌민의 시신은 썩지 않게 보관되어
베트남의 수도 하노이에 있는
바딘 광장에 모셔졌습니다.

호 아저씨를
만나고 나니 마음이
편해지는군.

아버지, 호 아저씨는 정말 멋진
지도자예요. 힘센 사람들과
당당히 맞서 우리나라를
지켜 내셨잖아요.

베트남에서 가장 큰 도시 '호찌민시',
베트남 최고 교육 기관 '호찌민 정치 학원'과
'호찌민 청년 동맹', 베트남의 남북을 관통하는
'호찌민 국도'에 이르기까지, 호찌민은 베트남 민족에게
영원히 지워지지 않을 이름이 되었습니다.

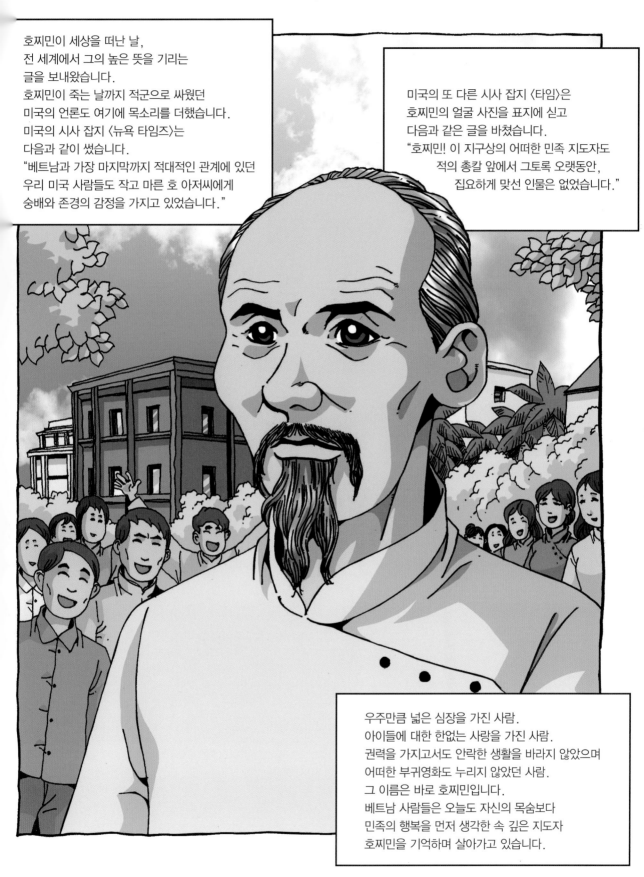

호찌민이 세상을 떠난 날,
전 세계에서 그의 높은 뜻을 기리는
글을 보내왔습니다.
호찌민이 죽는 날까지 적군으로 싸웠던
미국의 언론도 여기에 목소리를 더했습니다.
미국의 시사 잡지 〈뉴욕 타임즈〉는
다음과 같이 썼습니다.
"베트남과 가장 마지막까지 적대적인 관계에 있던
우리 미국 사람들도 작고 마른 호 아저씨에게
숭배와 존경의 감정을 가지고 있었습니다."

미국의 또 다른 시사 잡지 〈타임〉은
호찌민의 얼굴 사진을 표지에 싣고
다음과 같은 글을 바쳤습니다.
"호찌민! 이 지구상의 어떠한 민족 지도자도
적의 총칼 앞에서 그토록 오랫동안,
집요하게 맞선 인물은 없었습니다."

우주만큼 넓은 심장을 가진 사람.
아이들에 대한 한없는 사랑을 가진 사람.
권력을 가지고서도 안락한 생활을 바라지 않았으며
어떠한 부귀영화도 누리지 않았던 사람.
그 이름은 바로 호찌민입니다.
베트남 사람들은 오늘도 자신의 목숨보다
민족의 행복을 먼저 생각한 속 깊은 지도자
호찌민을 기억하며 살아가고 있습니다.

who?와 함께라면 미래가 보인다

어린이
진로 탐색

사회 운동가

어린이 친구들 안녕?
호찌민 이야기 재미있게 읽었나요?

그렇다면 이제부터
호찌민이 꿈을 키워 가는 과정을 함께 되짚어 보며
그가 활동한 분야와 그 분야에 속한 다양한 직업에 대해
살펴봐요!

또한 여러분에게는 어떤 장점과 적성, 가능성이
숨어 있는지 찾아보면서
그것을 어떻게 진로와 연결시킬 수 있는지에 대해서도
알아봅시다.

그럼 지금부터
여러분이 멋진 꿈을 향해 나아갈 수 있도록 도와줄
진로 탐색을 시작해 볼까요?

자기 이해부터
진로 체험까지,
다양한 진로 탐색
활동을 시작해 봐요!

우리나라에 자긍심을 느꼈을 때는?

어린 시절 호찌민의 아버지는 호찌민에게 쯩 자매의 이야기를 들려주었어요.
쯩 자매는 오랫동안 중국의 지배를 받은 조국을 위해 싸운 독립운동가였지요.
호찌민은 쯩 자매의 이야기를 듣고 자신의 조국 베트남에 자긍심을 느끼게 돼요.
여러분도 호찌민처럼 자긍심을 느낀 적이 있나요? 그렇다면 그 경험들을 적어 보세요.

* **우리나라에 자긍심을 느꼈던 경험을 생각하며 자유롭게 적어 보세요.**

> 예 김연아 선수가 우리나라를 대표해 피겨 스케이팅 종합선수권대회에서 1등을
> 차지했을 때 자긍심을 느꼈어요.

① _____

_____

② _____

_____

③ _____

_____

아버지, 독립운동가의
이야기는 국민의
자긍심을 높여줘요!

우리나라 역사 속 사회 운동가는?

호찌민은 베트남 사회를 변화시키기 위하여 시민들과 함께 자발적으로 단체를 만들어 활동한 '사회 운동가'예요. 사회 운동은 다양한 형태로 전개될 수 있는데, 다른 나라의 침략에서 벗어나 나라를 바로 세우기 위해 노력하는 독립운동가들도 넓은 의미에서 사회 운동가라고 할 수 있습니다.

호찌민이 베트남의 독립을 위해 활동했듯이 우리나라에도 독립을 위해 앞장선 인물이 많았어요. 일제 강점기, 우리나라의 사회 운동가들 중 한 명을 선택해서 조사해 보세요. 사회 운동가라는 직업에 대해서 많은 것을 알 수 있게 될 거예요.

✳ **여러분이 조사한 사회 운동가는 누구인가요?**

✳ **사회 운동가가 된 계기는 무엇인가요?**

✳ **사회 운동가로서 한 일은 무엇인가요?**

진로 탐색 STEP 3

사회 운동가와 정치가의 차이점은?

호찌민은 나라를 변화시키고자 노력한 사회 운동가이자 국민을 대표해 나라를 이끈 정치가이기도 했어요.

사회 운동가와 정치가는 서로 비슷한 점도 있지만 다른 점도 있습니다. 두 분야의 특징을 서로 비교해 보고, 아래 사실들이 둘 중 어느 분야에 해당하는지 표시해 보세요. 한쪽에만 해당하는 사실도 있고, 양쪽에 다 해당하는 사실도 있습니다.

보 기

사실	국회 의원, 정당 대표 등이 여기에 속합니다.	사회 운동가 / (정치가)
이유	국회 의원이나 정당 대표는 직업으로 소개될 수 있지만 사회 운동가는 사회적 위치가 정해져 있지 않습니다.	

(1)

사실	오늘날에는 시민 단체를 통해 활동하는 경우가 많습니다.	사회 운동가 / 정치가
이유		

(2)

사실	더 나은 사회를 위해 노력하고 많은 사람들을 위해 일합니다.	사회 운동가 / 정치가
이유		

정답: (1) 사회 운동가 (2) 둘 다 수행

172

내가 경험한 차별은?

베트남이 프랑스 식민지였을 때 프랑스 사람들은 베트남 식량을 마구 빼앗아갔을 뿐만
아니라, 높은 자리를 모두 차지하고 베트남 사람들을 괴롭혔습니다. 베트남 사람들이
심한 차별을 당하는 모습을 보게 된 호찌민은 베트남 농민들 편을 들었다가 그만
학교에서 쫓겨나고 말았지요.
여러분도 호찌민처럼 차별을 직접 경험한 적이 있거나 주변에서 차별을 당하는 것을
본 적이 있나요? 그것이 어떤 차별이었는지 적어 보세요.

✳ **여러분이 직접 경험했거나 본 적 있는 차별은 무엇인가요?**

✳ **그 차별을 당하거나 보면서 여러분은 어떤 생각을 했나요?**

사회 운동 보고서를 써요!

앞서 여러분이 경험하거나 보았던 차별에 대해 알아보았어요. 언젠가 여러분이 사회 운동가가 되어 그 차별을 없애기 위해 노력하는 모습을 상상해 보세요.

사회 문제를 해결하기 위해서는 호찌민처럼 많은 사람들에게 그 문제를 알릴 수 있는 보고서를 만들어야 해요. 여러분이 차별을 경험하거나 혹은 차별당하는 모습을 보면서 생각했던 것을 떠올리며 보고서를 적어 보세요.

(   )의 해결을 위한 보고서

• 이 문제에 사람들이 관심을 가져야 하는 이유

• 이 문제를 해결하는 방법

• 이 문제를 해결하고 나면 좋아지는 점

서대문 독립 공원에
가 봅시다!

서대문 독립 공원은 일제의 침략에 대항하였던 독립운동가들을 기리기 위해
만들어진 곳으로, 서울시 서대문구에 있어요.
이곳에 남아 있는 서대문 형무소는,
일제 강점기에 수많은 독립운동가들이
고통을 겪었던 장소로 유관순 열사가
숨진 곳이기도 하지요. 현재, 일부
옥사와 사형장이 남아 있어 당시의
참혹함을 느낄 수 있습니다.

역사 전시관, 지하 옥사 등이 있는 서대문 형무소

파리 개선문을 본뜬 모습의 독립문
ⓒ Seongbin lm

이외에도 서대문 독립 공원에는 서재필
선생 동상, 3 · 1 독립 선언 기념탑,
순국선열 추념탑 등이 있습니다.
서대문 독립 공원을 둘러보며 수많은
독립운동가들에 대해 감사의 마음을 가져
보세요.

서대문 독립 공원 관람 안내

* **관람 시간:** 상시 개방
* **휴관일:** 서울특별시 서대문구 통일로 251
* **홈페이지:** parks.seoul.go.kr/parks (검색창에 '독립근린공원'을 검색하세요!)

연표 호찌민

1890년		5월 19일, 베트남의 작은 농촌 마을인 킴리엔에서 태어났습니다.
1908년	18세	농민들의 세금 반대 시위에 참여했다는 이유로 국립 학교인 '꾸옥혹'에서 퇴학당합니다.
1911년	21세	프랑스 배의 보조 요리사로 취직을 한 후, 배를 타고 세계 여러 나라를 돌아다닙니다.
1919년	29세	'응우옌아이꾸옥'이란 이름으로 〈베트남 인민의 8항목의 요구〉라는 글을 발표합니다.
1923년	33세	계속되는 프랑스 경찰의 감시를 피해 모스크바로 탈출하여 군대를 기르는 법, 사람들을 끌어 모으는 법 등 혁명에 필요한 교육을 받습니다.
1925년	35세	중국 광저우에서 베트남 학생들을 가르치며, '베트남 혁명 청년 협회'를 만들고 〈청년〉지를 창간합니다.
1930년	40세	'베트남 공산당'을 창당합니다.
1931년	41세	6월, 홍콩에서 영국 경찰에 체포되어 감옥에 갇혔다가 다음 해 12월에 석방됩니다.
1940년	50세	'베트남 독립 동맹(베트민)'을 출범시킵니다. 이때부터 '호찌민'이라는 이름을 사용합니다.
1941년	51세	비밀리에 베트남에 입국하여 팍보 마을의 동굴에서 생활하며 〈독립 베트남〉을 창간합니다.
1944년	54세	'베트남 해방군' 부대를 만듭니다.

1945년	55세	제2차 세계 대전이 끝나고 일본이 항복하자 '베트남 민주 공화국' 임시 정부를 수립하고 초대 주석이 됩니다.
1946년	56세	프랑스와 협상에 실패하여 하노이에서 '제1차 인도차이나 전쟁'이 시작됩니다.
1948년	58세	3월, 남베트남에서 프랑스의 지원 아래 전 황제 바오다이가 임시 정부를 수립합니다.
1954년	64세	디엔비엔푸 전투에서 승리하고 프랑스군을 몰아내지만, 미국이 남베트남에 들어오게 됩니다.
1959년	69세	12월, '남베트남 민족 해방 전선'을 수립합니다.
1964년	74세	8월, 미군이 통킹만을 폭격하고 '제2차 인도차이나 전쟁(베트남 전쟁)'이 벌어집니다.
1969년	79세	9월 2일, 베트남이 통일되는 순간을 보지 못하고 세상을 떠납니다.
1973년		미국이 휴전을 선언하고, 미군 부대 전면 철수를 합의합니다.
1975년		4월 30일, 베트남 인민군이 마지막 공세를 펴 사이공을 점령합니다.
1976년		남베트남과 북베트남이 통일되어 '베트남 사회주의 공화국'이 수립됩니다.

찾아보기

ㄱ
강대국 74
게릴라 전술 98, 148
고엽제 101
구찌 터널 119

ㄹ
레닌 95

ㅁ
《목민심서》 41
문맹 153
미스 사이공 143
민족 자결주의 92

ㅂ
반랑국 26
베르사유 궁전 42
베트남 경제 67
베트남 문화 65
베트남 전쟁 100
베트남 전쟁 박물관 117
베트남 정치 66
베트남 지리 64
베트남 한국 대사관 141
베트콩 100

ㅅ
사회주의 66
식민지 12

ㅇ
아세안 142
아오자이 65
아주까리 130
옥중일기 43
월남 85
유색 인종 86
응우옌땃탕 53
응우옌아이꾸옥 93
응우옌타이혹 84
인도차이나 99, 102
인도차이나 공산당 122
인도차이나 전쟁 99

ㅈ
자본주의 152
제2차 세계 대전 98
주석 139
쯩 자매 29, 83

ㅌ
통일궁 119

ㅍ
판보이차우 84

ㅎ
하롱베이 67
한국군 증오비 140
호찌민 박물관 117
호찌민시 116
호찌민 영묘 118

who? 한국사

초등 역사 공부의 첫 단추! '인물'을 알아야 시대가 보인다

● 선사·삼국 ● 남북국 ● 고려 ● 조선

01 단군·주몽	13 견훤·궁예	25 조광조	37 김정호·지석영
02 혁거세·온조	14 왕건	26 이황·이이	38 전봉준
03 근초고왕	15 서희·강감찬	27 신사임당·허난설헌	39 김옥균
04 광개토 대왕	16 묘청·김부식	28 이순신	40 흥선 대원군·명성 황후
05 진흥왕	17 의천·지눌	29 광해군	41 허준
06 의자왕·계백	18 최충헌	30 김홍도·신윤복	42 선덕 여왕
07 연개소문	19 공민왕	31 정조	43 윤봉길
08 김유신	20 정몽주	32 김만덕·임상옥	44 안중근
09 대조영	21 이성계·이방원	33 정여립·홍경래	45 유관순
10 원효·의상	22 정도전	34 박지원	46 을지문덕
11 장보고	23 세종 대왕	35 정약용	47 홍범도
12 최치원	24 김종서·세조	36 최제우·최시형	

※ who? 한국사(전 47권) | 대상 초등학교 전 학년 | 책 크기 188×255 | 각 권 페이지 190쪽 내외

who? 인물 중국사

인물로 배우는 최고의 역사 이야기

01 문왕·무왕	09 제갈량·사마의	17 주원장·영락제	25 루쉰
02 강태공·관중	10 왕희지·도연명	18 정화	26 장제스·쑹칭링
03 공자·맹자	11 당 태종·측천무후	19 강희제·건륭제	27 마오쩌둥
04 노자·장자	12 현장 법사	20 임칙서·홍수전	28 저우언라이
05 한비자·진시황	13 이백·두보	21 증국번·호설암	29 덩샤오핑
06 유방·항우	14 왕안석·소동파	22 서태후·이홍장	30 시진핑
07 한 무제·사마천	15 주희·왕양명	23 캉유웨이·위안스카이	
08 조조·유비	16 칭기즈 칸	24 쑨원	

※ who? 인물 중국사(전 30권) | 대상 초등학교 전 학년 | 책 크기 188×255 | 각 권 페이지 190쪽 내외

who? 아티스트

최고의 명작을 탄생시킨 아티스트들을 만나다

● 문화·예술·언론·스포츠

01 조앤 롤링	11 김연아	21 강수진	31 우사인 볼트
02 빈센트 반 고흐	12 오드리 헵번	22 마크 트웨인	32 조성진
03 월트 디즈니	13 찰리 채플린	23 리오넬 메시	33 마리아 칼라스
04 레오나르도 다빈치	14 펠레	24 이사도라 덩컨	34 오귀스트 로댕
05 오프라 윈프리	15 레프 톨스토이	25 앤디 워홀	35 오리아나 팔라치
06 마이클 잭슨	16 버지니아 울프	26 백남준	36 프레데리크 쇼팽
07 코코 샤넬	17 마이클 조던	27 마일스 데이비스	37 시몬 드 보부아르
08 스티븐 스필버그	18 정명훈	28 안도 다다오	38 존 레넌
09 루트비히 판 베토벤	19 한스 크리스티안 안데르센	29 조지프 퓰리처	39 밥 말리
10 안토니 가우디	20 미야자키 하야오	30 프리다 칼로	40 파블로 피카소

※ who? 아티스트(전 40권) | 대상 초등학교 전 학년 | 책 크기 188×255 | 각 권 페이지 190쪽 내외

who? 인물 사이언스

기술로 세상을 발전시킨 과학자들의 이야기

● 과학 · 탐험 · 발명

01 알베르트 아인슈타인
02 스티븐 호킹
03 루이 브라유
04 찰스 다윈
05 제인 구달
06 장 앙리 파브르
07 마리 퀴리
08 리처드 파인먼
09 어니스트 섀클턴
10 루이 파스퇴르
11 조지 카버
12 아멜리아 에어하트
13 알렉산더 플레밍
14 그레고어 멘델
15 칼 세이건
16 라이너스 폴링
17 빌헬름 뢴트겐
18 벤저민 프랭클린
19 레이철 카슨
20 김택진

● 공학 · 엔지니어

21 래리 페이지
22 스티브 잡스
23 빌 게이츠
24 토머스 에디슨
25 니콜라 테슬라
26 알프레드 노벨
27 손정의
28 라이트 형제
29 제임스 와트
30 장영실
31 알렉산더 그레이엄 벨
32 카를 벤츠
33 마이클 패러데이
34 루돌프 디젤
35 토머스 텔퍼드
36 일론 머스크
37 헨리 포드
38 헨리 베서머
39 앨런 튜링
40 윌리엄 쇼클리

※ who? 인물 사이언스(전 40권) | 대상 초등학교 전 학년 | 책 크기 188×255 | 각 권 페이지 180쪽 내외

who? 세계 인물

세상을 바꾼 위대한 인물들의 이야기

● 정치 ● 경제 ● 인문 ● 사상

01 버락 오바마
02 힐러리 클린턴
03 에이브러햄 링컨
04 마틴 루서 킹
05 윈스턴 처칠
06 워런 버핏
07 넬슨 만델라
08 앤드루 카네기
09 빌리 브란트
10 호찌민
11 체 게바라
12 무함마드 유누스
13 마거릿 대처
14 앙겔라 메르켈
15 샘 월턴
16 김대중
17 드와이트 아이젠하워
18 김순권
19 아웅산수찌
20 마쓰시타 고노스케
21 마하트마 간디
22 헬렌 켈러
23 마더 테레사
24 알베르트 슈바이처
25 임마누엘 칸트
26 로자 룩셈부르크
27 카를 마르크스
28 노먼 베쑨
29 이종욱
30 존 메이너드 케인스
31 마리아 몬테소리
32 피터 드러커
33 왕가리 마타이
34 마거릿 미드
35 프리드리히 니체
36 지크문트 프로이트
37 존 스튜어트 밀
38 하인리히 슐리만
39 헨리 데이비드 소로
40 버트런드 러셀

※ who? 세계 인물(전 40권) | 대상 초등학교 전 학년 | 책 크기 188×255 | 각 권 페이지 180쪽 내외

who? 스페셜 · K-pop

아이들이 가장 만나고 싶고, 닮고 싶은 현대 인물 이야기

스페셜
• 유재석
• 류현진
• 박지성
• 문재인
• 안철수
• 손석희
• 노무현
• 이승엽
• 손흥민
• 추신수
• 박항서
• 박종철 · 이한열
• 노회찬
• 봉준호
• 도티
• 홀트부부
• 페이커
• 엔초 페라리&
페루치오 람보르기니
• 제프 베이조스
• 권정생
• 김연경
• 조수미
• 오타니 쇼헤이
• 킬리안 음바페
• 김민재
• 이강인
• 임영웅
• 아이브
• 문익환

K-pop
• 보아
• BTS 방탄소년단
• 트와이스
• 아이유
• 블랙핑크

※ who? 스페셜 · K-pop | 대상 초등학교 전 학년 | 책 크기 188×255 | 각 권 페이지 190쪽 내외